ACCESO GRATIS *a la Lectura en la Nube*

Para visualizar el libro electrónico en la nube de lectura envíe junto a su nombre y apellidos una fotografía del código de barras situado en la contraportada del libro y otra del ticket de compra a la dirección:

ebooktirant@tirant.com

En un máximo de 72 horas laborables le enviaremos el código de acceso con sus instrucciones.

La visualización del libro en **NUBE DE LECTURA** excluye los usos bibliotecarios y públicos que puedan poner el archivo electrónico a disposición de una comunidad de lectores. Se permite tan solo un uso individual y privado.

LITIGIOS SOBRE BIENES CULTURALES EN CLAVE DE DERECHO INTERNACIONAL PRIVADO

(De La dama de oro al caso Cassirer)

LITIGIOS SOBRE BIENES CULTURALES EN CLAVE DE DERECHO INTERNACIONAL PRIVADO

(De La dama de oro al caso Cassirer)

Alfonso Ortega Giménez

tirant lo blanch
Valencia, 2025

En caso de erratas y actualizaciones, la Editorial Tirant lo Blanch publicará la pertinente corrección en la página web www.tirant.com.

EDITA: TIRANT LO BLANCH
C/ Artes Gráficas, 14 - 46010 - Valencia
TELFS.: 96/361 00 48 - 50
FAX: 96/369 41 51
Email: tlb@tirant.com
www.tirant.com
Librería virtual: www.tirant.es
DEPÓSITO LEGAL: V-1009-2025
ISBN: 978-84-1095-928-6
MAQUETA: Innovatext

Si tiene alguna queja o sugerencia, envíenos un mail a: *atencioncliente@tirant.com*. En caso de no ser atendida su sugerencia, por favor, lea en *www.tirant.net/index.php/empresa/politicas-de-empresa* nuestro procedimiento de quejas.

Responsabilidad Social Corporativa: http://www.tirant.net/Docs/RSCTirant.pdf

A Ángela, por estar siempre ahí;
sin su ayuda este libro nunca se habría escrito
y otras muchas cosas buenas nunca hubieran sucedido

Índice

Presentación

En la era de la globalización, la protección jurídica del patrimonio histórico-artístico y cultural enfrenta desafíos sin precedentes. El Derecho internacional privado español, en sinergia con las normativas de la Unión Europea y los tratados internacionales, desempeña un papel crucial en la salvaguarda de estos bienes invaluables. Sin embargo, la dinámica cambiante del comercio de arte y las crecientes incidencias de tráfico ilícito exigen una adaptación y fortalecimiento constantes de estas regulaciones.

Es cierto que el tráfico ilícito es un fenómeno delictivo existente desde la antigüedad. Desde la fascinación por el arte y la cultura hasta el simple medio para llegar a la consecución de otro hecho delictivo, nuestra historia está plagada de casos en los que el patrimonio artístico y cultural se ha visto afectado. El notable aumento del robo de bienes culturales propició una mayor seguridad en el tráfico de bienes y la Convención de la UNESCO de 1970 reguló la forma de importación y exportación de bienes culturales. El Convenio UNIDROIT de 1995 elaboró un listado de bienes inventariados y establece un plazo de tres años para interponer la demanda de restitución de un bien.

A los expolios que generalmente se producían en el pasado, hoy día, se añade el hecho de que Internet ofrece un instrumento valioso a los traficantes, permitiendo que el tráfico ilícito de bienes culturales sea más rápido, más fácil e incluso más difícil de combatir para las autoridades. Sin embargo, Internet también se puede utilizar en contra de los traficantes. Internet hace que las comunicaciones sean más rápidas y fáciles. Hoy, cuando se roba un objeto, pueden publicarse alertas en todo el mundo rápida y fácilmente. Ahora bien, la función de Internet no se acaba aquí: se han creado muchas bases de datos y soportes lógicos para señalar los objetos robados y ayudar a localizarlos en el mercado cuando los ladrones tratan de revenderlos.

Las organizaciones internacionales han dado pasos muy tímidos para abordar el tráfico ilícito de bienes culturales y las soluciones planteadas pecan por su ambición de falta de realismo, además de considerar aspectos que siendo importantes no abonan en un aspecto fundamental, a saber, la progresiva presencia de las autoridades judiciales derivada de una desigual incorporación de figuras penales.

Las normas de protección de los bienes culturales precisan de la distinción de dos situaciones: el caso del conflicto armado y los tiempos de paz. Existe una vía para la restitución de los bienes culturales que cuenta con la interposición de medidas cautelares como forma de protección.

En materia de protección, los acuerdos internacionales velan por la seguridad efectiva del patrimonio a efectos de publicidad, en la realidad, existen casos que, aunque hay normas reguladoras de la protección de determinado bien, los Estados no se encargan de hacerlas efectivas. Las normas internacionales en materia de restitución pueden ser entendidas como un instrumento que asegure la devolución del objeto a su legítimo propietario, si bien pueden parecer efectivas, todo el procedimiento que conllevan, así como la prueba fehaciente que demuestre la titularidad del bien y el tráfico ilícito de la misma, hacen que el proceso sea lento y costoso.

Lo deseable en estas situaciones es la cooperación entre Estados en los casos particulares que puedan presentarse por el tráfico ilícito de bienes culturales así, evitando la interposición de una demanda y todo el proceso que conlleva la misma, el problema obtendría una solución más específica y que supondría un beneficio para ambas partes.

Desde la perspectiva del Derecho internacional privado conflictual, se han configurado varias alternativas jurisdiccionales a las que puede recurrir el propietario originario (Estado, comunidad o individuo) para reclamar la restitución internacional de un bien cultural del que ha sido despojado ilícitamente. Las dos alternativas de *lege data* presentadas se basan en la regla *forum rei sitae*, que otorga competencia a los tribunales de Estados donde se encuentran los bienes. La escogencia entre una u otra alternativa dependerá, por supuesto, del caso concreto, especialmente del Estado donde el bien se encuentre y si en él son aplicables las respectivas normas.

Más allá, estas alternativas tienen limitaciones, tanto en su contenido como en la forma en que se han configurado. No solo se trata de las dificultades que derivan de ciertos requisitos, como la necesidad de que el bien cultural de que se trate encuadre dentro de la definición legal de cada instrumento normativo, que sea reconocida a nivel nacional la capacidad procesal del propietario originario (por ejemplo, la comunidad indígena), que se respeten los plazos de prescripción establecidos o que se asegure la inmunidad de jurisdicción y de ejecución a los Estados. Además, se trata de que, mediante la competencia de los tribunales del país donde se encuentran los bienes, y la consecuente aplicación de su legislación en tanto *lex fori*, no se asegura suficientemente el respeto de las normas de protección del patrimonio cultural existentes en los países de origen.

Mirando hacia el futuro, se prevé que la cooperación internacional se intensifique, especialmente en la lucha contra el tráfico ilícito de bienes culturales. La implementación de tecnologías avanzadas, como la digitalización y las bases de datos globales, promete mejorar la trazabilidad y la transparencia en el comercio de bienes culturales. Asimismo, es imperativo fomentar una mayor conciencia y educación sobre la importancia del patrimonio cultural, incentivando un enfoque colaborativo entre países, instituciones y el sector privado.

En un plano ético, las pautas existentes para la restitución del arte a menudo cojean en términos de fuerza vinculante. En jurisdicciones como España, la ausencia de un marco jurídico firme no solo ha obstaculizado los esfuerzos de restitución, sino que también ha proyectado una sombra sobre la percepción internacional del país en cuanto a su compromiso con la justicia en el patrimonio cultural[1].

---

1 *Vid.* A. ALVARES-GARCIA JÚNIOR, "Un enfoque integrador para la protección del patrimonio histórico, artístico y cultural y los derechos en el ámbito del Derecho Internacional Privado", en *Bitácora Millennium DiPr*, nº 18, 2023, p. 21, disponible en: https://www.millenniumdipr.com/ba-112-un-enfoque-integrador-para-la-proteccion-del-pa-

La revisión y actualización periódica de las leyes nacionales, alineadas con los estándares internacionales, serán esenciales para abordar las lagunas legales y los retos emergentes. Es crucial que se establezcan mecanismos más eficientes y justos para la restitución y repatriación de bienes culturales, equilibrando los intereses legales con consideraciones éticas y morales.

La resolución de este conflicto de leyes requiere un equilibrio delicado entre principios jurídicos divergentes, consideraciones éticas sobre la restitución de bienes culturales y el respeto a los tratados internacionales. La forma en que se resuelva podría sentar un precedente importante para futuros casos de restitución de arte y bienes culturales en contextos internacionales.

Así las cosas, *Litigios sobre bienes culturales en clave internacional privatista (de La Dama de oro al caso Cassirer)* se presenta como una oportunidad para, por un lado, reivindicar la importancia que el Derecho internacional privado (desde la perspectiva española, lógicamente) como aquella disciplina jurídica, llamada a ayudar a resolver los litigios sobre bienes culturales que en el ámbito internacional se puedan producir (PARTE I.- RÉGIMEN CONFLICTUAL DE LOS BIENES CULTURALES EN EL DERECHO INTERNACIONAL PRIVADO ESPAÑOL: TEORÍA Y PRÁCTICA); y, por otro lado, hacer un repaso de los principales litigios privados internacionales sobre bienes culturales que se han producido, a nivel mundial, en estos últimos tiempos (PARTE II.- LITIGIOS PRIVADOS INTER-

---

trimonio-historico-artistico-y-cultural-y-los-derechos-humanos-en-el-ambito-del-derecho-internacional-privado.

NACIONALES SOBRE BIENES CULTURALES: DE *LA DAMA DE ORO* AL *CASO CASSIRER*).

Bien, y, en todo, no debemos olvidar que, en definitiva, el futuro de la protección del patrimonio histórico-artístico y cultural en el ámbito del Derecho internacional privado español requiere un enfoque multidimensional, que integre regulaciones robustas, cooperación internacional, avances tecnológicos y una fuerte conciencia cultural. La cooperación judicial en materia de tráfico ilícito de bienes culturales se encuentra condicionada en la actualidad por la ausencia de un marco normativo específico que exige a su vez una mínima armonización de las legislaciones penales de los estados en un marco lo más global posible y el establecimiento de medidas que garanticen el embargo de los bienes en circulación. Solo a través de estos esfuerzos colectivos podremos asegurar que nuestro rico legado cultural se preserve y respete para las generaciones futuras, manteniendo vivo el diálogo entre nuestro pasado histórico y el mundo contemporáneo.

PARTE I

RÉGIMEN CONFLICTUAL DE LOS BIENES CULTURALES EN EL DERECHO INTERNACIONAL PRIVADO ESPAÑOL: TEORÍA Y PRÁCTICA

I. Litigios privados internacionales sobre propiedad de bienes culturales muebles en Derecho internacional privado español[2]

1. LITIGIOS SOBRE BIENES MUEBLES EN GENERAL

Los litigios privados internacionales en torno a la propiedad de bienes muebles en el Derecho internacional privado español abarcan una variedad aún más amplia de situaciones que trascienden el ámbito artístico y cultural. Estos litigios pueden origi-

---

2 *Vid.*, en sentido amplio, V. FUENTES CAMACHO, "La lucha contra el tráfico ilícito internacional de obras de arte en el tránsito del segundo al tercer milenio", en *Bitácora Millennium DIPr.*, N° 15 enero-junio 2022, pp. 1-32, disponible en: https://www.millenniumdipr.com/archivos/1661844670.pdf; A. ALVARES-GARCIA JÚNIOR, "Un enfoque integrador para la protección del patrimonio histórico, artístico y cultural y los derechos en el ámbito del Derecho Internacional Privado", en *Bitácora Millennium DiPr*, n° 18, 2023, disponible en: https://www.millenniumdipr.com/ba-112-un-enfoque-integrador-para-la-proteccion-del-patrimonio-historico-artistico-y-cultural-y-los-derechos-humanos-en-el-ambito-del-derecho-internacional-privado; y B. L. CARRILLO, "Tráfico nacional ilícito de bienes culturales y DIPr", *Anales de Derecho de la Universidad de Murcia*, 2001.

narse por diversas razones, tales como "desacuerdos en la titularidad"[3], dudas sobre la autenticidad de la obra, conflictos derivados de transacciones internacionales, y problemas relacionados con la sucesión de bienes.

La autenticidad de una obra de arte o de un bien cultural puede ser un tema de gran controversia y dar lugar a litigios significativos. La determinación de si una obra es genuina o una falsificación afecta directamente su valor y, por consiguiente, la legitimidad de cualquier transacción realizada. Estas disputas a menudo requieren la intervención de expertos en arte y pruebas técnicas detalladas[4].

Las transacciones internacionales de bienes muebles, principalmente en el mercado del arte, pueden ser especialmente propensas a conflictos derivados de transacciones internacionales. Diferencias en las legislaciones nacionales, desacuerdos sobre los términos del contrato, y las complicaciones en la entrega y el pago son fuentes comunes de litigio. Estos casos pueden implicar la aplicación de múltiples jurisdicciones y sistemas legales, lo que añade una capa de complejidad a la resolución de estos litigios.

---

3 Estos desacuerdos surgen cuando hay reclamaciones conflictivas sobre la propiedad de un bien. Por ejemplo, un bien puede haber sido vendido a múltiples partes sin el conocimiento de estas, o puede existir una disputa sobre si la venta fue legítimamente autorizada por el propietario original. En el ámbito del arte, estas situaciones son frecuentes en casos donde la procedencia de una obra es incierta o disputada.

4 *Vid.* INSTITUTO DE ARTE CONTEMPORÁNEO, "La autenticidad en el arte: Desafíos y enfoques", 2023, disponible en: https://www.artecontemporaneo.com.

Además, los litigios también pueden surgir en el contexto de la herencia y sucesión de bienes muebles, particularmente cuando estos tienen un valor artístico o cultural significativo. Las disputas pueden involucrar a herederos en diferentes países, aplicaciones conflictivas de leyes de sucesión, y la interpretación de testamentos y otros documentos legales. Estos casos pueden ser particularmente sensibles, ya que a menudo involucran no solo cuestiones legales, sino también relaciones familiares y emocionales[5].

En este sentido, se incluyen casos donde la legislación aplicable puede variar dependiendo de la naturaleza del bien, su ubicación, y las jurisdicciones implicadas. Esto puede llevar a complejas situaciones donde se deben considerar diferentes sistemas legales y normativas, incluyendo, pero no limitándose, a leyes de propiedad, contratos internacionales, y regulaciones específicas de comercio y exportación.

En el contexto de los bienes muebles artísticos y culturales, estos litigios adquieren una dimensión adicional. No solo se trata de resolver disputas sobre la propiedad física, sino también de abordar cuestiones relacionadas con la identidad cultural, la herencia histórica y la ética en la conservación y el comercio de estos bienes. El marco legal español, por tanto, debe ser capaz de navegar en estas complejidades, equilibrando la protección de los derechos individuales con la preservación del patrimonio cultural para las generaciones futuras.

---

5 *Vid.* MINISTERIO DE JUSTICIA DE ESPAÑA, "Sucesiones internacionales en España", disponible en: https://www.mjusticia.gob.es.

El litigio no solo aborda cuestiones legales, sino que también invoca consideraciones éticas y morales profundas sobre la restitución de bienes culturales. La discusión sobre la propiedad del cuadro trae a la luz el debate más amplio sobre cómo las sociedades valoran y protegen su herencia cultural, así como la responsabilidad de las instituciones y coleccionistas en la corrección de injusticias históricas.

Este panorama jurídico se ve influenciado, y a menudo complicado, por la creciente globalización del mercado del arte y la cultura. La movilidad de bienes culturales a través de fronteras internacionales plantea desafíos únicos, especialmente en lo que respecta a la verificación de la procedencia, la lucha contra el tráfico ilícito, y la resolución de conflictos de leyes en un entorno globalizado.

2. LITIGIOS SOBRE RECUPERACIÓN DE BIENES CULTURALES

La recuperación de bienes culturales en el contexto del Derecho internacional privado español aborda casos especialmente delicados y de gran relevancia cultural y ética. Estos litigios a menudo implican bienes que poseen un valor incalculable desde el punto de vista histórico, artístico o arqueológico y que han sido objeto de desplazamiento, ya sea por medios ilícitos como el robo[6], la expoliación durante conflictos[6], o la exportación ilegal[7].

---

[6] Este tipo de litigio surge cuando se busca la restitución de obras de arte que han sido robadas. Los casos pueden ser particularmente complejos cuando las obras han pasado por varias manos y se encuentran en diferentes países. La

La resolución de estos litigios en el marco del Derecho internacional privado español debe equilibrar los derechos legales de los actuales poseedores con la importancia de preservar el patrimonio cultural y respetar los derechos de las comunidades y naciones de origen. Se requiere un enfoque que considere no solo la legalidad, sino también la ética y la responsabilidad cultural. Esta "ética" nace de un sentimiento de reparación histórica hacia los países y personas perjudicados por la apropiación indebida de sus bienes por parte de otros países dominantes en la época. Por tanto, hay que decir que el derecho y el arte también se entrelazan en otro frente: el dominio del poder. La expropiación de bienes culturales, como ya se ha mencionado, formaba parte de un proyecto legalizado[9] por el Estado alemán —pero no solamente por él; con el objetivo de deshumanizar al enemigo y saquear

---

determinación de la jurisdicción apropiada y la ley aplicable es un desafío clave en estos casos.

7 Los conflictos armados y las ocupaciones han llevado a menudo al saqueo sistemático de bienes culturales. La recuperación de estos bienes puede ser un proceso largo y complicado, que involucra cuestiones de derecho internacional, derechos de propiedad y consideraciones éticas.

8 El tráfico ilícito de bienes culturales es un problema global. Los litigios relacionados con la exportación ilegal de bienes culturales suelen requerir una cooperación internacional y el entendimiento de múltiples marcos legales, tanto a nivel nacional como internacional. *Vid.* A. ORTEGA GIMÉNEZ, "Litigios internacionales sobre propiedad de bienes culturales muebles en Derecho internacional privado español" (Capítulo XI), en A. ORTEGA GIMÉNEZ (Dir.), *Arte, Derecho y Comercio Internacional,* Editorial Aranzadi, Cizur Menor (Navarra), 2022, pp. 219-242.

9 Este proyecto se llamó Einsatzstab Reichsleiter Rosenberg (ERR), dedicado al saqueo de objetos culturales.

sus bienes, robando no sólo obras, sino también su pasado.

Al igual que las obras de arte seleccionadas en este estudio, otro ejemplo clásico de expropiación de bienes culturales se produjo en los reinos e imperios de África, a través de la colonización europea.

Durante décadas y siglos, sus riquezas materiales y culturales se exhibieron en museos y colecciones privadas de diversas capitales de Europa. Como consecuencia, estos objetos se convirtieron en fuente de interés y curiosidad para el público, lo que condujo a su mercantilización.

Especialmente en África, los movimientos europeos solían apropiarse indebidamente de los objetos/obras de cuatro formas distintas[10]:

1) trasladándolos a museos y colecciones privadas de misioneros durante la imposición religiosa;
2) utilizándolos como regalos o artículos de trueque;
3) saqueándolos durante las expediciones militares; y
4) sustrayéndolos durante expediciones para excavaciones u otros estudios.

Por esta razón, la devolución de obras de arte se considera a menudo una estrategia de diplomacia cultural, que funciona como medio para reforzar las

---

10 *Vid.* C. GATES. WHO OWNS AFRICAN ART? Envisioning a legal framework for the restitution of african cultural heritage. International Comparative, Policy & Ethics Law Review, New York, v. 3, n. 3, p. 1131- 1162, jul. 2020

relaciones internacionales e intentar cambiar las consecuencias del pasado[11].

3. RESTITUCIÓN DE BIENES CULTURALES: ROBO, CONFISCACIÓN Y EXPOLIACIÓN[12]

Los procesos de restitución de bienes culturales robados, confiscados o expoliados pueden tener tanto una naturaleza jurídica civil[13] como penal: robo, confiscación, y expoliación. Veamos cada uno de ellos:

A) Robo de obras de arte

El "robo" generalmente se refiere a la toma ilegal, y a menudo violenta, de la obra, sin el consen-

---

11 *Vid.* N. DE CASTRO E SOUZA. OBSTÁCULOS LEGAIS À RESTITUIÇÃO E REPATRIAÇÃO DE BENS CULTURAIS: Perspectivas Atuais no Direito Internacional. 2023. 88 f. Trabajo de Fin de Grado — Derecho, Universidade Federal do Rio Grande do Sul, Porto Alegre, 2023, disponible en: https://lume.ufrgs.br/handle/10183/261964

12 *Vid.* A. ALVARES-GARCIA JÚNIOR, "Un enfoque integrador para la protección del patrimonio histórico, artístico y cultural y los derechos en el ámbito del Derecho Internacional Privado", en *Bitácora Millennium DiPr*, nº 18, 2023, pp. 7-12, disponible en: https://www.millenniumdipr.com/ba-112-un-enfoque-integrador-para-la-proteccion-del-patrimonio-historico-artistico-y-cultural-y-los-derechos-humanos-en-el-ambito-del-derecho-internacional-privado.

13 El proceso civil se enfoca en la recuperación del bien, y puede ser iniciado por el propietario legítimo o sus herederos, por la entidad que tenga competencia en la materia (en este caso podría ser una institución pública o privada de museos o una institución encargada de la protección del patrimonio cultural) o por quién tenga un interés legítimo en su recuperación.

timiento de la víctima y con la intención de privarla permanentemente de la misma. Está tipificado[14] en la mayoría de las legislaciones nacionales y, según su gravedad y las circunstancias específicas, se sanciona de forma diversa (desde multas hasta penas privativas de libertad)[15]. El cruce de fronteras de la obra genera frecuentes conflictos de jurisdicción (donde ocurrió el robo o donde se encontró la obra) y de ley aplicable (la del país del robo o la del país del hallazgo)[16]. La cooperación internacional y el recurso a instrumentos jurídicos internacionales, como el Convenio de la UNESCO de 1970[17] o la Convención de UNIDROIT

---

14 Es común la confusión entre los términos "robo" y "hurto", aunque poseen distinciones legales importantes. *Grosso modo*, el robo requiere el uso de la fuerza o amenaza, mientras que el hurto no. La sustracción de "La Gioconda" (o "La Mona Lisa") de Leonardo da Vinci del Louvre (1911) por el italiano Vincenzo Peruggia (arrestado dos años después cuando intentó vender la pintura en Florencia) no ha sido realizado con violencia (retirada del cuadro haciéndose pasar como personal de mantenimiento). *Vid.* A. FREUNDSCHUH, "Crime stories in the historical urban landscape: narrating the theft of the Mona Lisa", en *Urban History*, vol. 33, Nº 2, 2006, pp. 274-292.

15 *Vid.* K. M. BURMON, "Challenges to study: Difficulties arising in studying fine art theft", en *Global Perspectives on Cultural Property Crime*, Routledge, 2023, pp. 160-174.

16 La ley aplicable también puede variar según el país en el que se encuentre la obra de arte robada. Algunos países tienen leyes más estrictas sobre la restitución de bienes culturales y la prescripción de delitos, mientras que otros pueden aplicar diferentes criterios en cuanto a la posesión y propiedad de obras de arte.

17 El Convenio de la UNESCO de 1970 sobre medidas que deben adoptarse para prohibir e impedir la importación, exportación y transferencia de propiedad ilícita de bienes

de 1995[18] son relevantes para prevenir y resolver ese tipo de conflicto[19].

B) Confiscación de obras de arte:

Corresponde a la toma de propiedad de una obra por parte del Estado, incluso como resultado de un orden judicial[20] (p.ej., adquisición ilegal, preserva-

---

culturales busca prevenir su comercio ilegal. Este tratado exige que los Estados Parte adopten medidas para proteger y restituir los bienes culturales que hayan sido robados o exportados ilegalmente (BOE número 31, de 5 de febrero de 1986, pp. 4869 a 4872).

18 La Convención de UNIDROIT de 1995 complementa y refuerza el Convenio de la UNESCO de 1970. Este instrumento establece principios uniformes para facilitar la recuperación y retorno de dichos bienes entre países, promoviendo la cooperación internacional, la responsabilidad de los adquirentes y el respeto por el patrimonio cultural global (BOE número 248, de 16 de octubre de 2002, pp. 36366 a 36373).

19 *Vid.* A.L. LEVINE, "The need for uniform legal protection against cultural property theft: A final cry for the 1995 Unidroit convention", en *Brooklyn Journal of International Law,* número 36, 2010, pp. 751-759.

20 *Vid.* T. CLACK y M. DUNKLEY, "Introduction: Culture, heritage, conflict", en *Cultural Heritage in Modern Conflict,* Routledge, 2023, pp. 1-27. Un caso notable de confiscación fue el de la colección de arte del alemán Cornelius Gurlitt (Pablo Picasso, Henri Matisse, Marc Chagall, etc.), adquirida en gran parte durante la Segunda Guerra Mundial por su padre, que trabajaba como marchante para el régimen nazi. En 2012, las autoridades del país la descubrieron y, al año siguiente, más de 1.200 obras de su colección fueron confiscadas como parte de una investigación sobre su procedencia ilícita. *Vid.* J. MEMBA, "Colección Gurlitt: el arte que robaron los nazis", en *Tiempo,* N° 1627, 2013, pp. 60-63.

ción de interés público, etc.)[21]. El Derecho internacional privado juega un papel crucial en esos casos (determinación de la jurisdicción y ley aplicable y reconocimiento de las decisiones judiciales). La jurisdicción suele ser la del país donde ocurrió la confiscación, pero puede complicarse debido a las diferencias entre las leyes y procedimientos de los países implicados[22]. Algunos tratados, como el Convenio de la UNESCO de 1970 y la Convención de UNIDROIT de 1995, establecen reglas para ayudar en estos casos.

Existen diversas áreas legales afectadas por una confiscación (p.ej., propiedad[23], contratos[24], suce-

---

21 C.E. SMITH, "World War II Art Restitution Exhibitions: A Step in the Right Direction or Not Far Enough?", en *The iJournal: Student Journal of the Faculty of Information*, vol. 7, N° 3, 2022, pp. 70-76; N. REVES, "Cultural heritage, international criminal law and protection of human rights between history and jurisprudence", en *Yearbook of International & European Criminal and Procedural Law* 1, N°1, 2023, pp. 197-247.

22 *Vid.* A. BICKFORD, "Nazi-Looted Art: Preserving a Legacy», en *Case Western Reserve Journal of International Law"*, N° 49, 2017, pp. 115-127.

23 Problemas relacionados con la Ley aplicable; el trato jurídico distinto entre museos y colecciones privadas, etc. Además, algunos Estados otorgan inmunidad legal a las obras (integrantes de su patrimonio nacional), protegiéndolas de reclamaciones extranjeras (salvo que exista violación de acuerdos internacionales, consentimiento explícito del Estado propietario o que ocurra en el marco de un juicio penal por tráfico de drogas, corrupción o lavado de dinero). *Vid.* S. MANACORDA y C. DUNCAN, *Crime in the art and antiquities world: Illegal trafficking in cultural property*, Springer Science & Business Media, 2011; y, V. FUENTES CAMACHO, "La lucha contra el tráfico ilícito internacional de obras de arte en el tránsito del segundo al tercer milenio", en *Bitácora Millennium DIPr.*, N° 15 enero-junio 2022, pp. 1-32.

24 Problemas relacionados con la validez, efectos, capacidad legal de las partes, vicios de la voluntad, etc. *Vid. M.* Wil-

siones[25], inmunidad estatal, etc. En aquellos casos donde la confiscación se vincula con la comisión de delitos, la cooperación es vital[26]. Existen diversas iniciativas internacionales para prevenir y combatir este tipo de delito, facilitar las investigaciones y contribuir en la recuperación de activos[27] (Conferencia de INTERPOL sobre la falsificación de obras de arte[28],

---

son, "Art disputes", en *Art Law and the Business of Art*, Edward Elgar Publishing, 2022, pp. 349-381.

25 Problemas relacionados con la Ley aplicable a la sucesión, identificación de los herederos y asignación de la propiedad de las obras, etc. (la cuestión gana mayor peso cuando tanto los herederos como las obras se encuentran en diferentes países). Normalmente se considera la ley del país donde el fallecido residía habitualmente en el momento de su muerte. No obstante, algunos países permiten a sus ciudadanos seleccionar la ley aplicable a su sucesión mediante un testamento o declaración similar.

26 Villalta Vizcarra, Ana Elizabeth, "La Cooperación Judicial Internacional", 2013, disponible en: https://www.oas.org/es/sla/ddi/docs/publicaciones_digital_xl_curso_derecho_internacional_2013_ana_elizabeth_villalta_vizcarra.pdf.

27 UNODOC. Protección contra el tráfico de bienes culturales. Reunión del grupo de expertos sobre la protección contra el tráfico de bienes culturales, 28 de octubre de 2009, disponible en: https://www.unodc.org/documents/treaties/organized_crime/UNODCCCPCJEG12009CRP1S.pdf.

28 La Conferencia de INTERPOL sobre la falsificación de obras de arte, celebrada en 2012, formuló una serie de recomendaciones para prevenir y combatir su falsificación a escala nacional e internacional. La entidad lleva combatiendo la delincuencia contra el patrimonio cultural desde 1946, y reúne a especialistas de todo el mundo para intercambiar conocimientos y definir buenas prácticas contra la falsificación documental. A parte de la publicación de informes sobre delitos que involucran a los

Manual de Cooperación Internacional en el Decomiso[29], etc.[30]), además de acuerdos multilaterales[31] y bilaterales[32] que pueden entrar eventualmente en conflicto con otras obligaciones legales[33]. Adicionalmente, se ha desarrollado normativa, jurisprudencia y doctrina relevante respecto al delito de lavado de activos y al decomiso en los ámbitos regional, inter-

---

bienes culturales, la organización cuenta con funciones de escaneo, búsqueda y notificación para ayudar a localizarlos, reducir su tráfico ilícito y aumentar las posibilidades de su recuperación. Su base de datos contribuye positivamente en la identificación, localización y recuperación de obras de arte y bienes culturales robados o desaparecidos.

29 *Vid.* Oficina de las Naciones Unidas contra la droga y el delito, "Manual de cooperación en el decomiso del producto del delito", disponible en: https://www.unodc.org/documents/organized-crime/Publications/Confiscation_Manual_Ebook_S.pdf.

30 *Vid.* UNESCO, "Fighting the Illicit Trafficking", disponible en: https://unesdoc.unesco.org/ark:/48223/pf0000266098.

31 Por ejemplo, el Convenio de La Haya de 1954 y su Segundo Protocolo, de 1999 para la Protección de los Bienes Culturales en caso de Conflicto Armado (*BOE* número 282, de 24 de noviembre de 1960 y BOE número 77, de 30 de marzo de 2004); el Convenio de la UNESCO de 1970 sobre la Prohibición de la Importación, Exportación y Transferencia de Propiedad Ilícita de Bienes Culturales; o los Principios de UNIDROIT de 1995 sobre Objetos Culturales Robados o Exportados Ilícitamente.

32 Por ejemplo, los acuerdos concluidos entre EE. UU. y Perú (1997), Italia (2001), Camboya (2003), Guatemala (2012) y Egipto (2016).

33 *Vid.* S.T. GARCÍA-LOZANO, "Las obras de arte del Estado y su inmunidad", en *Anuario Colombiano de Derecho Internacional,* vol. 10, 2017, pp. 401-426.

nacional y comparado[34]. Las regulaciones aduaneras también son importantes para controlar la importación y exportación de bienes culturales.

A parte de la cooperación judicial, el arbitraje y la mediación también abren paso en este campo[35]. Instituciones como *Art Resolve, Court of Arbitration for Art (CAfA), Art Law Centre, Art Dispute Resolution Centre of Canada, Resolution Center for Art (RCA), Alternative Dispute Resolution for Art (ADR Art), Fine Art Resolutions,* etc. se especializaron en este tipo de disputas[36].

En los conflictos armados transnacionales, el Derecho internacional privado también es crucial para abordar la responsabilidad civil por los daños causados a los legítimos propietarios de obras de arte[37]. Estos casos (protección y restauración de bienes culturales) sue-

---

34 *Vid.* I. BLANCO CORDERO; E.F. CAPARRÓS; V. PRADO SALDARRIAGA; G. SANTANDER ABRIL y J. ZARAGOZA AGUADO, *OEA. Combate al Lavado de Activos desde el Sistema Judicial* (5ª edición), disponible en: https://www.oas.org/es/ssm/ddot/publicaciones/LIBRO%20OEA%20LAVADO%20ACTIVOS%202018_4%20DIGITAL.pdf

35 Respecto al reconocimiento y ejecución de laudos arbitrales, estos suelen tratar disputas sobre autenticidad, propiedad, calidad y valor, y su cumplimiento puede ser más complejo debido a la naturaleza única de las obras de arte y la falta de un mercado estandarizado y transparente. Los plazos de prescripción también son factores relevantes (varían entre los países, repercutiendo incluso en su suspensión o interrupción).

36 *Vid.* Q. BRYNE-SUTTON, "Arbitration and mediation in art-related disputes", en *Arbitration International,* vol. 14, N.° 4, 1998, pp. 447-456.

37 Los problemas más habituales conciernen a la determinación de la ley aplicable y la jurisdicción competente para las reclamaciones de indemnización, la admisibilidad de

len estar sujetos al derecho nacional e internacional[38] (pero escapa, hasta cierto punto, del propio Derecho Internacional Humanitario—DIH[39]—) y a menudo necesitan contar con la cooperación de diversos actores.

C) Expoliación de obras de arte

Es el saqueo ilegal y sistemático de bienes culturales, históricos o arqueológicos pertenecientes a una

---

la prueba de daños y la ejecución de sentencias extranjeras.

38 Los Estados suelen tener sus propias reglas para salvaguardar el patrimonio cultural (promoción, protección, conservación, investigación, prevención del tráfico ilícito y facilitación de su devolución). Las regulaciones aduaneras también son importantes para controlar la importación y exportación de bienes culturales (permisos especiales, documentación de propiedad, autenticidad y origen, así como la imposición de aranceles y restricciones para evitar el tráfico ilícito). Algunos países permiten demandas civiles por daños y perjuicios generados por violaciones del DIH (EE. UU.: *Alien Tort Claims Act*). A parte, documentos como la Declaración de Bonn de 2015 sobre la Protección del Patrimonio Cultural Mundial y la Convención del Consejo de Europa de 2017 sobre Delitos contra el Patrimonio Cultural (que abordan el tráfico ilícito y la protección de ese patrimonio mediante medidas relacionadas con la prevención, la investigación, la sanción y el fortalecimiento de la cooperación transnacional) señalan la relevancia creciente en este ámbito.

39 El DIH no tiene disposiciones explícitas sobre la compensación por daños y perjuicios. No obstante, existen principios de derecho internacional más amplios que pueden aplicarse a la responsabilidad civil (*v.g.*, el de la reparación integral, que establece que un Estado que ha violado el derecho internacional tiene la obligación de reparar el daño causado).

nación o comunidad, realizado por gobiernos extranjeros, fuerzas invasoras, ONGs y coleccionistas de arte. Suele ocurrir durante conflictos bélicos y ocupaciones y daña el patrimonio cultural de la comunidad afectada, dificultando el estudio y aprendizaje de su herencia. A pesar de los esfuerzos de organizaciones como la UNESCO, el problema persiste debido a la falta de colaboración entre los países, la persistencia de los conflictos y la elevada rentabilidad del mercado ilegal de bienes culturales. Cuestiones como la determinación de la jurisdicción competente y de la ley aplicable son fundamentales en casos en que se aprecia si el comprador adquirió la obra de buena fe y si el propietario "legítimo" tiene derecho a su devolución[40]. Las pruebas presentadas y sus respectivas valoraciones para determinar la propiedad del bien y si es procedente su restitución[41] son difíciles y varían según las reglas procesales. Además, la competencia

---

40 Las dificultades observadas en esos casos suelen concernir a: 1. Heterogeneidad legislativa (los Estados poseen leyes y regulaciones específicas en relación con la salvaguarda del patrimonio cultural, la adquisición de bienes culturales y la repatriación de objetos expoliados); 2. Soberanía y jurisdicción (las disputas en torno a la expoliación de bienes culturales pueden involucrar a diferentes Estados, cada uno con su propia soberanía y jurisdicción); 3. Derechos del legítimo propietario y del adquirente (en casos de expoliación, es esencial determinar si el adquirente obtuvo el objeto de buena fe y si el legítimo propietario ostenta el derecho a la restitución).

41 *Vid.* K. Browne y R. Murray, "The Emergence of the International Protection of Cultural Heritage", en *International Law of Underwater Cultural Heritage: Understanding the Challenges*, Cham, Springer International Publishing, 2023, pp. 107-191.

para iniciar un proceso legal depende de las normas de cada país.

4. UN EJEMPLO ACTUAL DE RESTITUCIÓN DE OBRAS DE ARTE: EL CASO *CASSIRER*[42]

La restitución de obras de arte robadas ha emergido como un tema de profundo interés y complejidad dentro del derecho internacional privado. Este artículo examina un caso emblemático que ilustra los desafíos legales, éticos y morales inherentes a la restitución de bienes culturales: un cuadro saqueado por los nazis durante la Segunda Guerra Mundial, actualmente ubicado en Madrid, cuya propiedad se decide en un tribunal de California. Inicialmente adquirida por la familia *Cassirer*, prominentes coleccionistas de arte y mecenas en la Alemania prebélica, la pintura "Rue Saint-Honoré por la tarde, efecto de lluvia" se mantuvo como una joya en su colección privada hasta que fue arrebatada por los nazis en la década de 1930. La familia *Cassirer*, más específicamente Lily Neubauer-Cassirer, víctima de la persecución nazi, se vio forzada a dejar atrás sus posesiones, a cambio del salvoconducto de su familia fuera de Alemania.

Dichas operaciones de expropiación llevadas a cabo por los nazis estaban altamente organizadas y dirigidas por varias entidades, incluido el Einsatzstab Reichsleiter Rosenberg (ERR), dedicado al saqueo de objetos culturales. Estas campañas se basaban en

---

42 *Vid.*, en sentido amplio, I. AMBROSIO LUNA, "Restitución de obras de arte expoliadas por el régimen nazi: principales aspectos jurídicos del caso Cassirer", en *Revista Cultus et Ius*, nº 2, 2023, pp. 5-39.

ideologías racistas y expansionistas, apuntando especialmente a colecciones judías en territorios ocupados. La sistemática catalogación y redistribución de las obras robadas pretendían enriquecer las colecciones alemanas y destruir o reprimir el patrimonio cultural de los pueblos sometidos. Tras su confiscación, la obra pasó por varias manos, siendo primero almacenada junto con otros tesoros robados en depósitos secretos nazis. Al finalizar la guerra, muchas de estas obras fueron recuperadas por los Aliados y devueltas a sus países de origen, pero otras tantas entraron en el mercado negro del arte, complicando su recuperación[43].

En el año 1951, se retoma la pista del cuadro, el cual aparece en la Frank Perls Gallery de Beverly Hill (EE.UU.), como propiedad de Herr Urban Thru Union Bank & Trust Co[44]. En 1952, la Galería negocia

---

43 *Vid.* H. FELICIANO, *El museo desaparecido: La conspiración nazi para robar las obras maestras del arte mundial*, Ediciones Destino, Barcelona, 2004.

44 *Vid.* I. AMBROSIO LUNA, "Restitución de obras de arte expoliadas por el régimen nazi: principales aspectos jurídicos del caso Cassirer", en *Revista Cultus et Ius*, nº 2, 2023, pp. 5-39; A.-L. CALVO CARAVACA y J. CARRASCOSA GONZÁLEZ, Breves reflexiones sobre las obras de arte robadas por los nazis", en *Cuadernos de Derecho Transnacional*, octubre 2023, Vol. 15, Nº 2, pp. 198-250; A. ORTEGA GIMÉNEZ, "TRIBUNA: Arte, Derecho y Comercio Internacional. A propósito del litigio sobre el cuadro «Rue ST. Honoré, Aprés midi, effet de pluie», del pintor impresionista francés Camille Pissarro" (artículo de opinión), *IBERLEY. El valor de la confianza*, Editorial COLEX, A Coruña, 6 de febrero de 2024; S. PÉREZ, "David Cassirer apelará la decisión de otorgar al Thyssen un Pissarro robado por los nazis", *Agencia EFE, S.A.*, Madrid,

su venta con Sydney Schoenberg, quien en este caso la incorpora a su colección, permaneciendo la pintura en Estados Unidos durante más de 20 años.

Mediante la promulgación de la Ley Federal de Restitución, la República Federal Alemana estaba obligada a "pagar compensación por los bienes que habían sido robados por las autoridades estatales o del partido nazi"[45]. Con fundamento en dicha legislación, Lily Cassirer interpuso una demanda y, en 1958, Alemania reconoció a Lilly como propietaria del cuadro, llegando a un acuerdo de reparación subsidiaria en compensación por la pérdida.

Entre los años 1975 y 1976, el cuadro fue enviado en consignación a la Stephen Hahn Gallery de Nueva York. Al visitar la galería, el barón Hans Heinrich Thyssen-Bornemisza, desconociendo o no su historia completa, adquirió por 300.000,00 dólares la pintura para formar parte de su colección personal, que eventualmente se convertiría en la base de la colección del Museo Thyssen-Bornemisza, en Madrid.

---

11 de enero de 2024; y A. ALVARES-GARCIA JÚNIOR, "Un enfoque integrador para la protección del patrimonio histórico, artístico y cultural y los derechos en el ámbito del Derecho Internacional Privado", en *Bitácora Millennium DiPr*, nº 18, 2023, disponible en: https://www.millenniumdipr.com/ba-112-un-enfoque-integrador-para-la-proteccion-del-patrimonio-historico-artistico-y-cultural-y-los-derechos-humanos-en-el-ambito-del-derecho-internacional-privado.

45 *Vid.* S. ROMEIKE, "La justicia transicional en Alemania después de 1945 y después de 1898", *International Nuremberg Principles Academy*, caso de estudio Nº1, Nuremberg, 2016, pp. 31 y ss., disponible en: https://www.nurembergacademy.org/fileadmin/media/pdf/publications/Justicia_transicional_en_Alemania.pdf

La controversia empieza cuando Claude Cassirer, nieto de Lilly Cassirer, descubrió el paradero del cuadro al visitar el Museo Nacional Thyssen Bornemisza en 2000. En el 3 de mayo de 2001, Claude presentó una petición a España y a la Fundación "Colección Thyssen-Bornemisza" (FCTB) por la que solicitaba la devolución del cuadro. Como la petición fue rechazada, se inició un procedimiento judicial el 10 de mayo de 2005 cuando Claude Cassirer, ciudadano norteamericano domiciliado en el Estado de California, acudió a los tribunales federales de California donde presentó una acción de restitución de la obra o una indemnización por daños y perjuicios para el caso de que no fuera posible su recuperación, contra España y la FCTB. La United Jewish Federation se adhirió posteriormente al proceso en calidad de *amicus curiae.*

La importancia de este caso radica no solo en su contexto histórico, marcado por el sistemático saqueo de arte perpetrado por el régimen nazi, sino también en las intrincadas cuestiones jurídicas que surgen al cruzarse jurisdicciones y sistemas legales distintos. De ahí que surjan una serie de preguntas cruciales en el contexto del derecho internacional privado español y la protección jurídica internacional del patrimonio histórico-artístico y cultural, que incluyen:

- Propiedad y procedencia: ¿Quién es el legítimo propietario de la obra? ¿Cómo se determina la propiedad legítima en casos donde la proveniencia de la obra es disputada o compleja?
- Protección del patrimonio histórico-artístico y cultural: ¿Cómo se equilibra el derecho de propiedad privada con la necesidad de proteger y preservar el patrimonio cultural de la humanidad?

- Competencia judicial internacional y determinación de la ley aplicable: ¿Bajo qué jurisdicción se debe resolver este litigio? ¿Qué ley es aplicable en un caso que involucra múltiples países y una obra de arte de importancia internacional?
- Aspectos éticos y morales: ¿Cuáles son las consideraciones éticas y morales en la posesión y exhibición de obras de arte, especialmente aquellas con un pasado histórico controvertido?
- Restitución y reparación del daño: En casos de arte expoliado o adquirido bajo circunstancias cuestionables, ¿cuáles son los mecanismos apropiados para la restitución o reparación?

Este caso ilustra los complejos retos jurídicos, éticos y morales que impone la restitución de obras de arte saqueadas durante el periodo nazi, junto con la persecución del pueblo judío. A través de la historia del cuadro, se percibe que se trata de un litigio transnacional y atemporal relacionado con el Derecho internacional privado.

Cabe señalar cuatro puntos que se tratarán a posteriori con más detalles: jurisdicción transnacional, indemnización previa, adquisición de buena fe y tiempo transcurrido. La complejidad radica en un litigio en el que interviene un tribunal de California sobre una obra situada en Madrid, así como el acuerdo previo de reparación y posterior pago a Lily Cassirer por la obra "perdida"[46]. Además, no se puede

---

46 *Vid.* A. A-G. JÚNIOR, "Un enfoque integrador para la protección del patrimonio histórico, artístico y cul-

ignorar la compra de buena fe por parte del barón Thyssen-Bornemisza, quien adquirió la obra para que pasara a formar parte de la colección del museo. Otro punto importante es la constante innovación legislativa que se ha producido desde la Segunda Guerra Mundial, lo que dificulta la aplicación de las leyes y los plazos de prescripción.

Además, el caso pone de relieve: no solo la necesidad de un marco jurídico internacional sólido para abordar la restitución de bienes culturales saqueados; sino también la necesidad de un marco jurídico internacional sólido para abordar la restitución de bienes culturales saqueados; la creciente tendencia hacia la cooperación internacional en la protección de bienes culturales y el papel crucial de las convenciones internacionales, como la Convención de la UNESCO de 1970 sobre las Medidas que Deben Adoptarse para Prohibir e Impedir la Importación, la Exportación y la Transferencia de Propiedad Ilícitas de Bienes Culturales[47], en la conformación de las normativas nacionales sobre restitución.

---

tural y los derechos humanos en el ámbito del Derecho Internacional Privado", en *Bitácora Millennium DiPr*, Zaragoza, n. 18, pp. 1-30, 2023, disponible en: https://www.millenniumdipr.com/ba-112-un-enfoque-integrador-para-la-proteccion-del-patrimonio-historico-artistico-y-cultural-y-los-derechos-humanos-en-el-ambito-del-derecho-internacional-privado.

47 Convención sobre las medidas que deben adoptarse para prohibir e impedir la importación, la exportación y la transferencia de propiedad ilícitas de bienes culturales" de la *UNESCO*, disponible en: https://es.unesco.org/about-us/legal-affairs/convencion-medidas-que-deben-adoptarse-prohibir-e-impedir-importacion.

5. CONCEPTO E IMPORTANCIA JURÍDICA DE LAS "RELACIONES PRIVADAS INTERNACIONALES"[48]

La estructuración del mundo en ordenamientos jurídicos diversos y plurales, así como la presencia de la actividad humana y sus vínculos (afectivos, contractuales, económicos, etc.), han dado lugar a la creación de una nueva disciplina y rama jurídica[49]. El "objeto" de una disciplina jurídica es el "conjunto de relaciones sociales" que tal disciplina jurídica regula[50]. Pues bien: el objeto del Derecho internacional privado son las "situaciones privadas internacionales". Al respecto, cabe destacar varios aspectos:

1°) Las "situaciones privadas internacionales", debido a su carácter "internacional", suscitan "dificultades jurídicas especiales". En efecto, estas situaciones exigen la precisión de los tribunales competentes, de la legislación estatal aplicable y de la eficacia de resoluciones extranjeras

2°) Estas "situaciones privadas internacionales" exigen la presencia de una rama del Derecho

---

48 *Vid.*, en sentido amplio, A.-L. CALVO CARAVACA y J. CARRASCOSA GONZÁLEZ, "Breves reflexiones sobre las obras de arte robadas por los nazis", en *Cuadernos de Derecho Transnacional*, octubre 2023, Vol. 15, N° 2, pp. 217-219.

49 *Vid.* C. ESPLUGUES MOTA, "Derecho internacional privado", *en Introducción al Derecho,* Ediciones de la Universidad de Castilla-La Mancha, Cuenca, 1996, p. 161.

50 *Vid.* A.-L. CALVO CARAVACA y J. CARRASCOSA GONZÁLEZ, "El Derecho internacional privado: concepto, caracteres, objeto y contenido", en A.-L. CALVO CARAVACA y J. CARRASCOSA GONZÁLEZ (Dirs.), *Tratado de Derecho internacional privado*, 2ª ed., Tomo I, Valencia, Tirant lo Blanch, 2022, pp. 124-125.

específica que las regule: el Derecho internacional privado (*the applicable rules and doctrines on choice of law*)[51].

3º) El Derecho civil, mercantil y procesal de cada Estado son disciplinas jurídicas diseñadas para regular, exclusivamente, situaciones privadas "internas", pero no para regular situaciones privadas "internacionales".

Visto que el objeto del Derecho internacional privado son las "situaciones privadas internacionales", resulta necesario analizar con detalle qué se entiende por situación "privada" y qué se entiende por situación "internacional".

Se conoce como "situación jurídica privada" aquélla cuyos sujetos intervinientes son sujetos particulares o bien actúan en calidad de tales. Los sujetos de una situación jurídica "privada" ocupan una "posición jurídica de igualdad". Los sujetos privados no disponen de poderes exorbitantes o privilegiados con arreglo a la Ley. Son particulares, sujetos privados. No operan como autoridades públicas dotadas de "poderes exorbitantes" atribuidos por el Derecho público. Por ello se habla de "relaciones jurídicas horizontales".

En consecuencia, el concepto de "situación privada" cubre las siguientes relaciones jurídicas:

---

51 *Vid.*, J.M. CARRUTHERS, "Cultural Property and Law — An International Private Law Perspective", en *Juridical Review*, 3, 2001, pp. 27-45; M. WELLER, "Kollisionsrecht und NS-Raubkunst: U.S. Supreme Court", Entscheidung, vol 21, April 2022, 596 U.S. 142 S.Ct. 1502 (2022) – Cassirer et al./. Thyssen-Bornemisza Collection Foundation", *IPRax*, 2023, 1, pp. 97-100 (p. 97).

1°) Relaciones jurídicas en las que intervienen sujetos particulares. Estas relaciones pueden adoptar una modalidad "contradictoria" o una modalidad "no contradictoria"[52].

2°) Relaciones jurídicas en las que interviene un sujeto de Derecho público pero que actúa sin "potestad de imperio"[53]. En la actualidad es muy frecuente la intervención del Estado y demás organismos públicos en la vida económica, mediante la realización de actividades desligadas de la función pública *stricto sensu.* Visto que tales entes participan en el comercio internacional despojados de su potestad de *imperium*, puede afirmarse que operan como "sujetos privados", y por tanto el Derecho Público no es aplicable. Precisar cuándo un sujeto público interviene con o sin "potestad de *imperium*" no es nada sencillo. Esta cuestión surge con frecuencia en relación con los contratos internacionales en los que participa el Estado como parte del contrato.

El Derecho internacional privado regula las situaciones privadas "internacionales" y no las situaciones

---

52 *Vid.* A.-L. CALVO CARAVACA y J. CARRASCOSA GONZÁLEZ, "El Derecho internacional privado: concepto, caracteres, objeto y contenido", en A.-L. CALVO CARAVACA y J. CARRASCOSA GONZÁLEZ (Dir.), *Tratado de Derecho internacional privado*, 2ª ed., Tomo I, Valencia, Tirant lo Blanch, 2022, p. 125.

53 *Vid.* A.-L. CALVO CARAVACA y J. CARRASCOSA GONZÁLEZ, "El Derecho internacional privado: concepto, caracteres, objeto y contenido", en A.-L. CALVO CARAVACA y J. CARRASCOSA GONZÁLEZ (Dir.), *Tratado de Derecho internacional privado*, 2ª ed., Tomo I, Valencia, Tirant lo Blanch, 2022, pp. 125-126.

jurídicas privadas meramente internas. Ahora bien, la distinción entre "situaciones internas" y "situaciones internacionales" es más difícil de lo que parece. Ello es así porque hay muchos tipos de elementos extranjeros, de diferente naturaleza y de intensidad diferente. Además, como han indicado algunos autores, en la actualidad todo está conectado con todo y la práctica totalidad de las situaciones jurídicas contienen elementos extranjeros en mayor o menor medida. Por ello, multitud de tesis doctrinales han tratado de perfilar cuándo una situación jurídica privada es "internacional". La más relevante es la tesis del "elemento extranjero puro"[54].

Según la tesis del "elemento extranjero puro", una situación privada manifiesta carácter "internacional" cuando presenta, al menos, un "elemento extranjero" (*Sachverhalt mit Auslandsberührung*), cualquiera que sea dicho "elemento". El caso presenta "elementos extranjeros", por lo que es "internacional" y debe ser regulado por el Derecho internacional privado. Esta tesis es la mayormente seguida por la jurisprudencia española[55].

---

54 *Vid.* A.-L. CALVO CARAVACA y J. CARRASCOSA GONZÁLEZ, "El Derecho internacional privado: concepto, caracteres, objeto y contenido", en A.-L. CALVO CARAVACA y J. CARRASCOSA GONZÁLEZ (Dir.), *Tratado de Derecho internacional privado*, 2ª ed., Tomo I, Valencia, Tirant lo Blanch, 2022, p. 127.

55 *Vid.* A.-L. CALVO CARAVACA y J. CARRASCOSA GONZÁLEZ, "El Derecho internacional privado: concepto, caracteres, objeto y contenido", en A.-L. CALVO CARAVACA y J. CARRASCOSA GONZÁLEZ (Dir.), *Tratado de Derecho internacional privado*, 2ª ed., Tomo I, Valencia, Tirant lo Blanch, 2022, p. 127.

A la luz de lo anteriormente expuesto, ya estamos en condiciones de responder a dos preguntas:

1ª) Si la acción reivindicatoria de judíos estadounidenses contra la Fundación Thyssen-Bornemisza / el Estado español es una situación privada internacional. La respuesta es afirmativa. En efecto, como hemos visto una situación privada internacional es una relación jurídica multiconectada con los ordenamientos jurídicos de varios Estados, con independencia de cuál sea su naturaleza (personal, real o local o conductista). En el caso *Pisarro*, hay: a) *Elementos personales*: Los propietarios o poseedores del cuadro tenían distintas nacionalidades o domicilios en diversos Estados (Alemania, Países Bajos, California, Missouri, Nueva York, Suiza, España). b) *Elementos reales*: El cuadro ha estado en cada uno de ellos. En España, desde hace 30 años. c) *Elementos locales o conductistas*: El cuadro ha sido objeto de sucesivas ventas en Alemania (1939), Estados Unidos (1951), Suiza (1976) y España (1992). Tiene, pues, razón M. Weller, cuando destaca que es propio de los procedimientos de arte saqueado por los nazis que los objetos reclamados se encuentren ellos mismos "al final de una larga cadena de transmisiones con un número de elementos extranjeros" (*at the end of a long chain of transfers with a number of foreign elements*)[56].

---

[56] *Vid.* M. WELLER, "Kollisionsrecht und NS-Raubkunst: U.S. Supreme Court", Entscheidung vom 21. April 2022, 596 U.S. 142 S.Ct. 1502 (2022) – Cassirer et al../.Thyssen-Bornemisza Collection Foundation", en *IPRax*, 2023, 1, pp. 97-100 (p. 97).

2ª) ¿Cuáles son los problemas jurídicos fundamentales que hay que resolver en tales supuestos? El Derecho internacional privado proporciona respuesta jurídica a *tres grandes cuestiones*[57]: 1º) ¿Son competentes los órganos jurisdiccionales u otras autoridades públicas españolas para entrar a conocer del fondo del problema jurídico que plantea una situación privada internacional?; 2º) Si la respuesta al interrogante anterior es afirmativa, ¿cuál es, entonces, el Derecho aplicable a la situación privada internacional?; 3º) ¿Cuáles son los efectos jurídicos que producen en España los actos y decisiones extranjeras relativas a situaciones privadas internacionales? De este modo, el contenido del Derecho internacional privado está compuesto por tres "sectores de normas" que dan respuesta a los interrogantes anteriores: a) Competencia judicial internacional; b) Derecho aplicable a las situaciones privadas internacionales; c) Validez extraterritorial de actos y decisiones extranjeras[58]. En este contexto, es importante aclarar algunos puntos cruciales sobre es-

---

57 *Vid.* F. VISCHER, "Bemerkungen zum Verhältnis von internationaler Zuständigkeit und Kollisionsrecht", en *Mélanges Alfred E. von Overbeck*, Fribourg, 1990, pp. 349-377.

58 *Vid.* A.-L. CALVO CARAVACA y J. CARRASCOSA GONZÁLEZ, "El Derecho internacional privado: concepto, caracteres, objeto y contenido", en A.-L. CALVO CARAVACA y J. CARRASCOSA GONZÁLEZ (Dir.), *Tratado de Derecho internacional privado*, 2ª ed., Tomo I, Valencia, Tirant lo Blanch, 2022, p. 158; y, M. FRIGO, *Circulation de biens culturels, détermination de la loi applicable et méthodes de règlement des litiges*, La Haye, Académie de droit international de La Haye, 2016.

tos tres elementos[59]. La competencia judicial internacional determina si los tribunales de un país tienen autoridad para juzgar un caso concreto, es decir, define los principios y condiciones que rigen la resolución de situaciones de Derecho internacional privado. Una vez establecida la competencia del tribunal, es necesario determinar qué ley será aplicable, con el fin de garantizar que se emplea el régimen jurídico adecuado en esa situación de Derecho internacional privado. Por último, el Reconocimiento y Ejecución de Actos y Decisiones Extranjeros se refiere a la validez de un acto extranjero, examinando si tiene efectos más allá de las fronteras del país de origen. En otras palabras, se trata de evaluar las implicaciones y efectos de un acto o decisión extranjeros en una situación privada internacional, cuando se aplican en un país distinto del que los dictó.

6. RAZONES QUE EXPLICAN LA FRECUENCIA CON QUE SE LITIGA EN ESTADOS UNIDOS SOBRE ARTE ROBADO POR LOS NAZIS[60]

Desde un *punto de vista sociológico*, son varios los *factores* que explican el gran número de litigios sobre arte robado por los nazis que se han desarrollado y

---

59 *Vid.* J. C. FERNÁNDEZ ROZAS y S. SÁNCHEZ LORENZO, *op. cit.* pp. 45-55.

60 *Vid.*, en sentido amplio, A.-L. CALVO CARAVACA y J. CARRASCOSA GONZÁLEZ, "Breves reflexiones sobre las obras de arte robadas por los nazis", en *Cuadernos de Derecho Transnacional*, octubre 2023, Vol. 15, Nº 2, p. 219.

continúan llevándose ante los tribunales estadounidenses: *muchos judíos* se fueron a vivir a los Estados Unidos durante o después de la guerra; muchas obras de arte con un pasado nazi se encuentran en Estados Unidos, que es el *mayor mercado de arte del mundo*; los tribunales estadounidenses se ganaron la reputación de ser un foro con *claras ventajas* para las demandas de restitución de obras artísticas[61].

Además, por razones económicas recientes, podemos mencionar su liderazgo mundial, ya que es el mayor mercado de arte del mundo, con un 44% de las ventas totales. A pesar de las fluctuaciones globales, el mercado del arte estadounidense ha mostrado una notable resistencia.

En 2019, aunque hubo un ligero descenso, las ventas en Estados Unidos alcanzaron los 28.300 millones de dólares, manteniendo su fortaleza en la escena internacional[62]. En 2022, en cambio, el mercado estadounidense alcanzó un máximo histórico de 30.200 millones de dólares, lo que demuestra su capacidad de recuperación. Por último, cabe destacar que el mercado estadounidense atrae a un amplio abanico de coleccionistas, incluida una nueva generación de compradores más jóvenes[63].

---

61 *Vid.*, J.P. RAPP, *NS-Raubkunst vor amerikanischen Gerichten: aktuelle Entwicklungen der restitution litigation in den USA*, Tübingen, Mohr Siebeck, 2021, p. 24.

62 *Vid.* K. TULLY, "Vendas globais de arte caíram 5% em 2019, mas EUA continuam no topo do mercado. 2020", disponible en: https://forbes.com.br/forbeslife/2020/03/vendas-globais-de-arte-cairam-5-em-2019-mas-eua-continuam-no-topo-do-mercado.

63 *Vid.* P. PLIGHER, "O mercado de arte mostra a sua resiliência face à instabilidade global; EUA e a China dominam

Alrededor del 30% de los compradores en 2021 eran "nuevos clientes", y el 31% de ellos pertenecían a la generación millennial. Esta diversidad de perfiles contribuye a la vitalidad y longevidad del mercado del arte estadounidense[64].

Desde un *punto de vista jurídico* esas claras ventajas tienen que ver con la reglamentación por el Derecho de los Estados Unidos de la transmisión de la propiedad de los bienes muebles, la competencia internacional de sus tribunales y ciertas peculiaridades del procedimiento[65].

7. ESPAÑA Y LAS PIEZAS INCAUTADAS DURANTE LA GUERRA CIVIL Y LA DICTADURA

En España se acaba de publicar un inventario de 5.000 piezas incautadas (cuadros, joyas, cerámicas, esculturas, abanicos, muebles o vajillas) durante la Guerra Civil y la dictadura[66]. Por fin, aparece un inventa-

---

o setor. 2024", disponible en: https://www.fundssociety.com/br/news/o-mercado-de-arte-mostra-a-sua-resiliencia-face-a-instabilidade-global-eua-e-a-china-dominam-setor.

64 *Vid.* M. A. SÁNCHEZ-VALLEJO, "Mercado de arte nos EUA retoma voracidade com leilões milionários", 2020, disponible en: https://brasil.elpais.com/cultura/2021-11-12/mercado-de-arte-nos-eua-retoma-voracidade-com-leiloes-milionarios.html.

65 *Vid.*, M.J. BAZYLER, *Holocaust Justice: The Battle for Restitution in America's Courts*, New York, 2003; J.P. RAPP, *NS-Raubkunst vor amerikanischen Gerichten: aktuelle Entwicklungen der restitution litigation in den USA*, Tübingen, Mohr Siebeck, 2021, pp. 39 y ss.

66 *Vid.* T. KOCH. "El inventario de Cultura no resuelve el enorme puzle de las obras de arte incautadas durante la

rio donde las familias pudieran bucear en busca de algún tesoro sustraído a sus abuelos. Y, sin embargo, investigadores y abogados de los herederos en absoluto dan el asunto por cerrado. Todo lo contrario. De alguna forma, acaba de comenzar. Porque solo se ha mirado en los 16 museos estatales directamente dependientes de Cultura. Y con ocho meses de retraso, respecto a la auditoría completa que prometía la Ley de Memoria Democrática. Y eso que el Ministerio destacó que era el primero en cumplirla. Lo que pone el foco en todos los demás ministerios, museos nacionales —el Prado sí hizo su propia investigación—, autonómicos o municipales, paradores, universidades y una miríada de otras instituciones que pudieron recibir obras incautadas. Sin mencionar lo que acabó en manos privadas. Faltan, en cálculos de uno de los principales expertos, el catedrático Arturo Colorado, la gran mayoría de las piezas. Y las más valiosas.

A falta de tantas pistas, y con miles de piezas aún ocultas o en paradero desconocido, no hay forma de terminar el puzle. A estas alturas, según los entrevistados, ni siquiera se puede imaginar aún cómo quedaría. "Hablamos de una cifra realmente extraordinaria. Hubo un movimiento de obras como jamás se ha producido en España. Mientras no den acceso a toda la información, es imposible", resume Colorado.

"A lo mejor, con este inventario, podemos, hipotéticamente, recuperar alguna cosa, pero la colección seguirá a medias", señala Encarnación Roca Trías,

---

Guerra Civil y la dictadura", 2024, disponible en: https://elpais.com/cultura/2024-06-30/el-inventario-de-cultura-no-resuelve-el-enorme-puzle-de-las-obras-de-arte-incautadas-durante-la-guerra-civil-y-la-dictadura.html?event_log=oklogin.

del despacho Cremades y Calvo Sotelo, contratada por los nietos para buscar las decenas de obras que el franquismo se incautó, en mayo de 1939, en casa de José Sicardo, gobernador militar de Alicante durante la Guerra Civil, y su esposa, Mariana Cardedera. Hace un mes y medio presentaron una reclamación ante Cultura. De momento, no ha habido avances.

La familia sospecha que, entre las joyas perdidas, puede haber incluso algún Goya o Sorolla. Y les consta que al menos otro ministerio guarda cuadros en cuyo reverso sigue la firma que dejó el coronel: "Colección Sicardo". Lo que encaja también con las averiguaciones de Colorado. Contactado por este diario, el ministerio no mostró conocimiento del caso. Y alegó que precisaba datos más detallados para responder. Desde el Ministerio de Política Territorial y Memoria Democrática tampoco se atendió esta vez a las cuestiones enviadas por este periódico. Hace dos semanas, apuntaron: "Se indicó a cada ministerio cuáles eran sus tareas en relación con la aplicación de la ley. La cuestión de obras artísticas expoliadas compete a Cultura".

"Para cumplir con el espíritu de la Ley de Memoria Democrática, en vez de quedarse en la pura norma, hay que hacer todo lo posible para facilitar la reparación para los herederos o las instituciones a las que se expoliaron bienes", plantea Laura Sánchez Gaona, abogada al frente de varias reclamaciones. Entre otras, la de la familia de Pedro Rico, alcalde republicano de Madrid, celebrado en octubre de 2023 por el presidente del Gobierno, Pedro Sánchez, en un acto homenaje a varias víctimas. Algunas obras de Rico figuran en el inventario de Cultura: están en el Museo Nacional del Romanticismo o en el del Traje. Otras, según Sánchez Gaona, descansan en el Prado o en los Museos de Bellas Artes de Asturias y Valencia. "Pensábamos que, una vez presentada la documentación y localizadas las piezas, la implementación de vías para el resarcimiento iba a ser mucho más rápida. Pero el gran atasco se produce justo entonces.

"Es importantísima la proactividad a la hora de contactar a los interesados, que el proceso sea intuitivo y no se deje todo en mano de los reclamantes. Hay que ir mucho más allá de la simple búsqueda o localización de las obras, y tomar inmediatamente las medidas para que haya restitución o compensación", añade Sánchez Gaona. Desde Cultura subrayan que, ahora que tienen el inventario y el informe de la Abogacía del Estado, quieren precisamente "analizar las peticiones que ya estaban hechas" y ponerse "en contacto" con las familias que han pedido devoluciones.

Ante una petición por el Portal de Transparencia enviada por el diario El País, la pinacoteca informó de que tiene en marcha cuatro reclamaciones. Justo las que ha presentado Laura Sánchez Gaona: en nombre de Rico, por *Escena de majos y celestina* y *Asalto a la diligencia*, atribuidos a Eugenio Lucas Villamil; del marqués de Villalonga, por *Cabeza de mujer con mantilla blanca*, de Joaquín Sorolla; y de las iglesias de Yebes y Pareja, en Guadalajara. De momento, eso sí, ninguna pieza ha vuelto a casa. El Museo Nacional Reina Sofía, contactado por la misma vía, aseguró no tener ningún frente abierto en este sentido.

La familia De la Sota y Llano sí acaba de recuperar un retrato, requisado por los sublevados franquistas en 1938. "Han ido mucho más rápidos que el Estado", agradecía Rafael Mateu, del despacho que llevó la reclamación, Ramón y Cajal, al Ayuntamiento de Burgos, liderado por el PP con el apoyo de la extrema derecha de Vox. Y, en sus indagaciones, Santos Mateos ha hallado restituciones anteriores, impulsadas por el Ayuntamiento de Barcelona y avaladas entonces por Cultura: el 13 de diciembre de 1990 el Museu d'Art Modern entregó dos esculturas a Juan Negrín Mijailovich, hijo del último jefe de Gobierno de la II República española. Y el 15 de marzo de 2001 devolvió 11 obras a Fernando Barral Arranz, hijo del escultor Emiliano Barral, fallecido en 1936 en la célebre batalla de Madrid.

Es el camino que también espera seguir el Cabildo de Gran Canarias. Y de paso, quizás, lograr la "primera devolución de obras realizada conforme a la Ley de Memoria Democrática", como subraya la jefa del Servicio de Museos, Alicia Bolaños. Hace casi un año y medio desde que Sánchez Gaona, en representación de los nietos de Pedro Rico, se puso en contacto con su institución. Reclamaban cinco óleos incautados y jamás devueltos, que habían recalado en la Casa de Colón. Las dos partes coinciden en que hubo entendimiento, una visita de los herederos al centro y un inventario interno. Para Alicia Bolaños se cumplían todos los requisitos: obras secuestradas, condición de víctimas según la definición de la nueva normativa, propiedad demostrada. A falta del desarrollo normativo de la Ley de Memoria Democrática, la tramitación se acogió al Real Decreto 2134/2008, "por el que se regula el procedimiento a seguir para la restitución a particulares de los documentos incautados con motivo de la Guerra Civil".

"Estas personas no pueden ser víctimas también de lagunas legales", sostiene Bolaños. Así que en octubre de 2023 abrió un expediente para la restitución. Lo suspendió, sin embargo, en cuanto descubrió que la

Abogacía del Estado preparaba un informe sobre ese ámbito: quería leerlo e incluirlo, para completar su petición. Asegura que Cultura le aclaró que no podía facilitárselo, pero sí le mandaría otro documento que estaban elaborando internamente. Nunca sucedió, según Bolaños: "Y ahí la cosa se quedó parada".

"Sé que para nosotros son cinco cuadros y ellos tendrán muchos y es más complicado. Cultura entendía que se tenía que hacer de una forma unificada al haber obras de Rico en varios museos. Pero yo no estoy conforme con que lo nuestro se quede en suspenso. Si la ley habla de este espíritu, hay que cumplirla", explica Bolaños. De ahí que solicitara reuniones con el ministerio de Urtasun y el de Memoria Democrática. El segundo les atendió y les "felicitó" por el trabajo realizado.

Desde Cultura, responden que su enfoque siempre ha sido el de ir "caso por caso" y que, entre otros, tienen previsto hablar pronto con el Cabildo. Mientras, Bolaños sigue avanzando: estos días ha recibido desde el Ministerio de Memoria Democrática precisamente el informe de la Abogacía del Estado. Pretende incorporarlo cuanto antes a su expediente, para reactivarlo y acelerar su resolución.

También por eso los nietos de Rico decidieron hace unos días enviar una carta. "Está escrita con el corazón", afirma su abogada. Y va dirigida al mismísimo presidente del Gobierno. El que presenció el homenaje a Rico en octubre. Y que tantas veces ha defendido la memoria democrática: "Recurren a él porque ha sido muy proactivo en estos asuntos. Y porque, ante tanta opacidad, se pide ayuda al que pueda resolverla". Pasaron décadas. Ahora se están perdiendo meses. El tiempo pasa. Muchos reclamantes, por desgracia, tienen cada vez menos.

II. Competencia judicial internacional

Como ya se ha mencionado anteriormente, la competencia judicial internacional en litigios relacionados con bienes muebles, especialmente aquellos de valor histórico-artístico y cultural, es un aspecto crucial en el Derecho internacional privado español. Esta sección aborda los marcos jurídicos y los foros de competencia en casos transfronterizos.

El caso *Cassirer* contra la Fundación Colección Thyssen-Bornemisza (en adelante, FCTB) es directamente relevante para el litigio del cuadro de *Pissarro*. En este litigio, los herederos Cassirer buscan la restitución de la obra de arte que argumentan fue robada por los nazis. A través de varias instancias judiciales, este caso ha examinado cuestiones como la aplicabilidad de la ley española versus la ley de California, el concepto de posesión de buena fe y el impacto de los tratados internacionales en la determinación de la propiedad legítima[67].

---

67 *Vid.* C. M. CALLAHAN, C. T. BEA, Y S. S. IKUTA, "DAVID CASSIRER; THE ESTATE OF AVA CASSIRER; UNITED JEWISH FEDERATION OF SAN DIEGO COUNTY, a California nonprofit corporation, *Plaintiffs-Appellants*, vs. THYSSEN-BORNEMISZA COLLECTION FOUNDATION, an agency or instrumentality of the Kingdom of Spain, *Defendant-Appellee*", *United States Court of Appeals for the Ninth Circuit*, nº 19-55616, California, 2022, pp. 1-39,

En el proceso de judicialización, la primera cuestión procesal planteada por parte de España y la FCTB fue la excepción de falta de competencia de la jurisdicción norteamericana para conocer del asunto. Sin embargo, esta excepción no prosperó, viéndose rechazada tanto por el District Court —Juzgado de Primera Instancia del Distrito—, como posteriormente por otros tribunales competentes de los recursos y apelaciones. Por ello, al final, el proceso se mantuvo en California. A continuación, veremos las motivaciones.

1. MARCO JURÍDICO DE REFERENCIA

El marco jurídico para determinar la competencia judicial internacional en España es una estructura compleja que incorpora diversas fuentes legales, tanto a nivel nacional como internacional. Este marco es esencial para abordar la naturaleza multifacética de los litigios que involucran bienes culturales y artísticos en un contexto globalizado.

La legislación española establece principios generales sobre jurisdicción y competencia judicial. El Código Civil y la Ley de Enjuiciamiento Civil proporcionan las bases para determinar la competencia en asuntos civiles y comerciales, incluyendo aquellos relacionados con bienes muebles.

Dentro de la Unión Europea, el Reglamento (UE) Nº 1215/2012 del Parlamento Europeo y del Consejo, de 12 de diciembre de 2012, relativo a la competencia judicial, el reconocimiento y la ejecución de re-

---

disponible en: https://cdn.ca9.uscourts.gov/datastore/opinions/2024/01/09/19-55616.pdf.

soluciones judiciales en materia civil y mercantil (en adelante, el Reglamento Bruselas I bis)[68] es crucial. Este reglamento establece reglas claras sobre la competencia judicial, el reconocimiento y la ejecución de sentencias en materia civil y mercantil entre los Estados Miembros, lo que es especialmente relevante en litigios transfronterizos sobre bienes culturales.

España es parte de varios tratados internacionales y convenios bilaterales que afectan la competencia judicial en materia de bienes culturales. Por ejemplo, la Convención de La Haya de 1954 para la Protección de los Bienes Culturales en Caso de Conflicto Armado, y la Convención de la UNESCO de 1970[69].

Además de las leyes generales sobre competencia judicial, existen regulaciones específicas para la protección y recuperación de bienes culturales. Estas incluyen leyes nacionales sobre patrimonio cultural, así como acuerdos internacionales destinados a combatir el tráfico ilícito de bienes culturales.

Según la Ley de Patrimonio Histórico de 1985, el patrimonio histórico se divide en dos grandes áreas para facilitar su protección. Esta categorización no es

---

68 Reglamento (UE) N.º 1215/2012 del Parlamento Europeo y del Consejo, de 12 de diciembre de 2012, relativo a la competencia judicial, el reconocimiento y la ejecución de resoluciones judiciales en materia civil y mercantil. *DOUE*, L 351/1, de 20 de diciembre de 2012.

69 Convención para la Protección de los Bienes Culturales en caso de Conflicto Armado y Reglamento para la aplicación de la Convención de la *UNESCO*, de 14 de mayo de 1954, disponible en: https://es.unesco.org/about-us/legal-affairs/convencion-proteccion-bienes-culturales-caso-conflicto-armado-y-reglamento.

inflexible ni excluyente, ya que algunos bienes pueden pertenecer a más de una categoría. Las áreas son: natural y cultural. Esta última se subdivide en dos subáreas: bienes materiales (muebles e inmuebles) y bienes inmateriales. Este trabajo se centra específicamente en los bienes materiales muebles del patrimonio histórico-cultural, pues el objeto de estudio son obras de arte que se trasladan de un lugar a otro de manera legal e ilegal.

Este marco jurídico interconectado permite a las cortes españolas y a los litigantes navegar en el complejo paisaje legal de los litigios internacionales sobre bienes culturales, equilibrando los principios del derecho internacional privado con las especificidades del patrimonio cultural.

2. FOROS DE COMPETENCIA JUDICIAL INTERNACIONAL EN LITIGIOS SOBRE BIENES MUEBLES EN GENERAL

En el ámbito del Derecho internacional privado, determinar el foro competente para resolver litigios sobre bienes muebles es un proceso que requiere un análisis detallado de varios factores clave. Estos factores son fundamentales para garantizar que los litigios se resuelvan de manera justa y eficiente, considerando la naturaleza transfronteriza de muchas de estas disputas.

Uno de los criterios primarios para determinar la competencia es la ubicación física del bien en disputa. Esto es particularmente relevante en casos donde los bienes muebles, como obras de arte o antigüedades, han cruzado fronteras internacionales. El principio de la *lex rei sitae* (la ley del lugar donde se encuentra el bien) a menudo juega un papel importante en estos casos.

Otro factor crucial es la residencia habitual de las partes involucradas en el litigio. En situaciones donde las partes residen en diferentes jurisdicciones, se debe determinar cuál de estas jurisdicciones es la más apropiada para resolver el litigio, tomando en cuenta la conexión de las partes con cada jurisdicción y la facilidad para acceder a la justicia.

En litigios que surgen de transacciones contractuales, como la compra-venta de bienes muebles, el lugar de ejecución del contrato puede ser un factor determinante. Esto puede ser especialmente relevante cuando el contrato especifica una jurisdicción o un foro particular para la resolución de disputas.

Además de los criterios mencionados, los foros de competencia pueden estar influenciados por disposiciones contenidas en convenios internacionales y regulaciones de la Unión Europea. Por ejemplo, el Reglamento Bruselas I bis establece reglas específicas sobre la competencia judicial en la UE, que pueden ser aplicables en litigios transfronterizos.

La elección del foro competente en estos litigios es una cuestión compleja que requiere equilibrar la eficiencia procesal, los derechos de las partes, y la relevancia de cada jurisdicción con respecto al bien y las circunstancias del caso.

3. FOROS DE COMPETENCIA JUDICIAL INTERNACIONAL EN LITIGIOS SOBRE RECUPERACIÓN DE BIENES CULTURALES

La determinación de foros competentes en litigios internacionales sobre la recuperación de bienes culturales es una tarea compleja, influenciada por múltiples factores y marcos legales. Estos litigios, a menudo, involucran aspectos únicos debido a la naturaleza especial de los bienes culturales y su importancia para las naciones y comunidades de origen.

• **Lugar de descubrimiento o recuperación del bien cultural:**

La determinación del foro competente en litigios relacionados con la recuperación de bienes culturales normalmente comienza con el lugar donde el bien fue descubierto o recuperado. Este factor es crucial por varias razones:

a) **Jurisdicción local sobre bienes descubiertos:** En muchos casos, la ley del lugar donde se descubre un bien cultural otorga jurisdicción a las autoridades locales para tratar asuntos relacionados con dicho bien. Esto es particularmente relevante en casos de hallazgos arqueológicos, donde los bienes pueden ser considerados parte del patrimonio nacional del país en el que se encuentran.

b) **Protección del patrimonio cultural:** Los países suelen tener leyes específicas que protegen los bienes culturales descubiertos en su territorio. Estas leyes están diseñadas para preservar el patrimonio cultural y pueden incluir restricciones sobre la exportación, venta o transferencia de dichos bienes[70].

---

70 *Vid.* MINISTERIO DE CULTURA, "Introducción a los niveles de protección del Patrimonio Cultural", disponible en: https://www.cultura.gob.es/cultura/patrimonio/bienes-culturales-protegidos/niveles-de-proteccion/introduccion.html

c) **Cooperación internacional en casos de tráfico ilícito:** Cuando los bienes culturales son descubiertos en un contexto que sugiere tráfico ilícito, la jurisdicción del lugar de descubrimiento es fundamental. Esto se debe a la necesidad de cooperación internacional para investigar y resolver estos casos, en coordinación con INTERPOL y la UNESCO.

d) **Aspectos procesales y prácticos:** La jurisdicción del lugar de descubrimiento también puede ser preferible por razones prácticas y procesales. Investigar el origen de un bien, establecer su autenticidad y determinar su valor cultural es más fácil en el lugar donde se encuentra el bien, aprovechando los recursos y conocimientos locales.

e) **Consideraciones éticas y morales:** Además de las leyes, las consideraciones éticas y morales juegan un papel importante en la determinación de la competencia. Existe un creciente reconocimiento de la importancia de respetar el patrimonio cultural y los derechos de las comunidades y naciones de origen, lo que puede influir en la decisión de mantener los litigios en el lugar de descubrimiento.

- **País de origen del bien cultural:**

El país de origen de un bien cultural es de vital importancia en la determinación de la competencia judicial en litigios internacionales, especialmente en contextos de recuperación de bienes culturales, reflejando un reconocimiento de su conexión intrínseca con estos bienes y su papel en la preservación del patrimonio cultural global. Esta consideración se basa en varios principios y prácticas legales:

a) **Reivindicación de la propiedad cultural:** Los países de origen suelen reivindicar la propiedad sobre bienes culturales que forman parte de su patrimonio histórico y cultural. En casos de expoliación o exportación ilegal, estos países pueden buscar activamente la restitución y repatriación de estos bienes.

b) **Legislación nacional aplicable en materia de patrimonio histórico-artístico y cultural:** La mayoría de los países tienen leyes específicas que rigen la protección y gestión de su patrimonio cultural. Estas leyes incluyen disposiciones sobre la recuperación de bienes culturales que han sido ilegalmente removidos de su territorio.

c) **Cooperación internacional:** El país de origen puede basarse en tratados internacionales, como la Convención de la UNESCO de 1970 y la Convención de UNIDROIT de 1995, para fundamentar su reclamación y buscar cooperación internacional en la recuperación de bienes culturales. Estos tratados establecen marcos para la repatriación y proporcionan mecanismos para la resolución de disputas.[71]

d) **Intereses culturales y éticos:** Más allá de las cuestiones legales, los intereses culturales y éticos juegan un papel importante, debido a que la restitución de bienes culturales al país de

---

71 Convenio UNIDROIT de 1995 sobre bienes culturales robados o exportados ilegalmente, disponible en: https://www.unidroit.org/instruments/cultural-property/1995-convention.

origen se ve como un acto de justicia histórica y una forma de preservar y respetar la identidad cultural de una nación o comunidad.

e) **Competencia judicial internacional y determinación de la ley aplicable:** Los tribunales en el país de origen pueden ser considerados competentes para juzgar casos relacionados con la recuperación de bienes culturales, especialmente cuando las leyes nacionales han sido violadas, como en casos de robo o exportación ilegal.

- **Lugar de la transacción o donde surgió el litigio:**

El lugar donde se realizó la transacción o donde surgió el litigio sobre un bien cultural es un factor determinante en la identificación del foro competente para litigios internacionales por varias razones:

a) **Jurisdicción basada en el lugar de la transacción:** En casos donde la compra, venta o transferencia de un bien cultural se llevó a cabo, la jurisdicción local puede reclamar competencia sobre los litigios derivados de dicha transacción. Esto es especialmente relevante en casos de disputas contractuales o cuestiones relacionadas con la interpretación de los términos y condiciones de la venta.

b) **Aplicación de la ley local:** El lugar de la transacción generalmente implica la aplicación de la ley local en términos de contratos comerciales y normativas de transferencia de bienes. Esto puede incluir aspectos como la validez del contrato, la representación de las partes y el cumplimiento de las normativas locales sobre comercio y exportación de bienes culturales.

c) **Facilidad de acceso a evidencias y testigos:** Resolver un litigio en el lugar donde ocurrió la transacción o disputa puede facilitar el acceso a cruciales evidencias y a testigos. Esto es importante en casos donde la documentación de la transacción o las declaraciones de las partes y testigos son clave para el caso.

d) **Consideraciones prácticas y logísticas:** La elección de este foro puede ser motivada por consideraciones prácticas, como la disponibilidad de recursos legales, la facilidad de procedimientos legales, y la proximidad a las partes involucradas en el litigio.

e) **Coherencia con normas internacionales:** En el contexto de bienes culturales, las disputas sobre la transacción pueden involucrar aspectos de derecho internacional. La elección del lugar de la transacción como foro competente puede ser coherente con normas y tratados internacionales que regulan el comercio de bienes culturales.

En todo caso, la recuperación de bienes culturales en litigios internacionales implica una serie de consideraciones especiales que van más allá de los aspectos puramente legales. Estas consideraciones especiales, que requieren un enfoque equilibrado y sensible, son fundamentales para entender la complejidad y sensibilidad de estos casos:

a) **Valor histórico y cultural:** Los bienes culturales no son meros objetos materiales; su valor reside en su significado histórico, artístico y cultural. La recuperación de estos bienes implica considerar su importancia para la identidad y el patrimonio de las comunidades y naciones involucradas.

b) **Derechos de las comunidades originarias:** En muchos casos, los bienes culturales son esenciales para las comunidades originarias o indígenas. Las reclamaciones de repatriación pueden basarse en la importancia de estos objetos para la preservación de la cultura, las tradiciones y la memoria colectiva de estas comunidades.

c) **Ética y restitución:** Las consideraciones éticas juegan un papel crucial en la recuperación de bienes culturales. Esto incluye el reconocimiento de injusticias históricas, como el saqueo durante conflictos o la adquisición ilegal, y la necesidad de restituir estos bienes de manera justa y ética.

d) **Legislación internacional sobre protección del patrimonio histórico-artístico y cultural:** Además de los tratados y convenciones, existe una creciente legislación internacional enfocada en la protección y preservación del patrimonio cultural. Estas leyes abogan por la devolución de bienes culturales a sus países de origen y la protección contra el tráfico ilícito.

e) **Impacto en las relaciones internacionales:** Los litigios sobre la recuperación de bienes culturales pueden tener implicaciones en las relaciones diplomáticas entre países. La forma en que se manejan estos casos puede influir en la cooperación cultural y política internacional.

f) **Equilibrar los derechos jurídicos con las consideraciones culturales:** Aunque los principios jurídicos son la base de la resolución de conflictos, cada vez se reconoce más la necesidad de equilibrarlos con consideraciones culturales, históricas y éticas. Este planteamiento respeta tanto el Estado de Derecho como el significado cultural de los objetos en cuestión.

4. COMPETENCIA JUDICIAL INTERNACIONAL DE LOS TRIBUNALES DE ESTADOS UNIDOS SOBRE LITIGIOS DE RESTITUCIÓN DE OBRAS DE ARTE[72]

Nada de todo lo anterior sería posible si no fuera fácil y rápido justificar la competencia internacional de los tribunales estadounidenses para conocer de las acciones interpuestas contra el poseedor de la obra de arte.

En primer lugar, los tribunales estadounidenses pueden ser internacionalmente competentes, ejerciendo la *personal jurisdicción* contra el poseedor actual del objeto de arte reclamado y potencial obligado a su restitución; es decir, apoyándose en el hecho de que al demandado se le ha notificado personalmente el inicio de un procedimiento judicial contra él, estando presente en el territorio de este Estado, sin que importe, a estos efectos, que su presencia sea transitoria o permanente[73]. Lo proclama el *28 Restatement*

---

72 *Vid.* A.-L. CALVO CARAVACA y J. CARRASCOSA GONZÁLEZ, "Breves reflexiones sobre las obras de arte robadas por los nazis", en *Cuadernos de Derecho Transnacional,* octubre 2023, Vol. 15, Nº 2, pp. 222-224.

73 *Vid.* A.L. PARRISH, "Sovereignty, Not Due Process: Personal Jurisdiction over Nonresident Aliens", en *Wake Forest*

(Second) of Conflict of Laws: "A state has power to exercise judicial jurisdiction over an individual who has present within its territory, whether permanently or temporarily".

Ejemplo: La Fundación Thyssen-Bornemisza alegó ante el Tribunal de Distrito californiano que los tribunales de California carecían de competencia judicial internacional para enjuiciar al Museo a la luz de una demanda que exigía la restitución de una obra de arte robada por los nazis o su indemnización.

La Fundación esgrimió varios argumentos contra la *personal jurisdiction*: (a) En Estados Unidos, está constitucionalmente prohibido que se prive a las personas de su propiedad sin un "proceso legal justo" (*due process of law*)[74]. (b) Según la denominada "cláusula del proceso justo" (*due process clause*), se prohíbe generalmente que un tribunal ejerza su jurisdicción sobre una parte no residente, salvo que ésta tenga "contactos mínimos" (*minimum contacts*) suficientes con el foro (en este caso, California) para que el procedimiento sea respetuoso con el "juego limpio y justicia sustancial" (*fair play and substantial justice*)[75].

Law Review, 41, 2006, pp. 1-60; T.D. PETERSON, "The Timing of Minimum Contacts", en *George Washington Law Review*, 79, 2010, pp. 101-160; J.P. RAPP, *NS-Raubkunst vor amerikanischen Gerichten: aktuelle Entwicklungen der restitution litigation in den USA*, Tübingen, Mohr Siebeck, 2021, pp. 73-74; y, C.W. RHODES y C.B. ROBERTSON, "Toward a New Equilibrium in Personal Jurisdiction", en *UC Davis Law Review*, 48, 2014, pp. 207-270.

74 *Cassirer*, 461 F. Supp.2d at 1168 (quoting *Altmann v. Republic of Austria*, 142 F. Supp.2d 1187, [C.D. Cal. 2001]).

75 *International Shoe Co. v. State of Washington*, 326 U.S. 310 (1945), disponible en: https://supreme.justia.com/cases/federal/us/326/310/.

(c) En el caso concreto de que se trataba, faltaban los contactos mínimos necesarios para que un tribunal californiano pudiera ejercer la jurisdicción personal sobre un museo público español.

El Tribunal de Distrito de California desestimó dicha argumentación. En primer lugar, consideró que el marco legal de la contienda no debía buscarse tanto en la jurisprudencia anterior, como en la legislación federal: Era la *Foreign Sovereign Immunities Act* (*FSIA*) la que fijaba cuáles eran los supuestos en que los tribunales estadounidenses podían ejercer jurisdicción sobre Estados extranjeros. En segundo lugar, el demandado no podía exigir ninguna conexión territorial adicional con los Estados Unidos que no se hallara recogida por la Ley misma. Por último, no era necesario investigar más a fondo el grado de contacto entre el Museo y los Estados Unidos; puesto que los Cassirer fundamentaban la competencia de los tribunales estadounidenses, sobre todo, en la denominada *excepción de expropiación* (*expropriation exception*) de la FSIA, que era poco discutible en este caso.

En segundo lugar, los *long arm statutes* permiten que se justifique la jurisdicción en virtud de *mínimos contactos de negocios* en los Estados Unidos (= abandono de los requerimientos mecánicos de consentimiento, presencia física o domicilio [*Pennoyer v. Neff* 95 U.S. 714 (1878)] por obra de *International Shoe Co. v. Washington* 326 U.S. 310 (1945)138. Esto es válido tanto para demandados nacionales como extranjeros[76].

---

[76] *Vid.* S.A. BENJAMIN, "The Territorial Reach of Federal Courts", en *Florida Law Review*, 71, 2019, pp. 979-1015; G.B. BORN, "Reflections on Judicial Jurisdiction in International Cases", en *Ga. J. Int'l & Comp. L.*, 17:1, 1987, pp.

En tercer lugar, según la *Foreign Sovereign Immunities Act* (*FSIA*), la competencia para conocer de litigios sobre restitución de obras de arte sustraídas por los nazis se puede basar en el ejercicio de una actividad comercial (*commercial activity exception*) relacionada con el territorio de los Estados Unidos, siempre que: (a) los demandados sean *Estados extranjeros* o *Museos e instalaciones de arte de carácter público*; y (b) la demanda se base en *commercial activity carried on in the United States by the foreign state* o en *an act outside the territory of the United States in connection with a comercial activity of the foreign state elsewhere and that act causes a direct effect in the United States* (28 U.S.C.1605[a][2]1 y 3).

Para aplicar la *commercial activity exception*, los tribunales estadounidenses deben tener en consideración los siguientes datos:

1°) *Qué es*, a estos efectos, una *actividad comercial*: Debe tratarse de un acto jurídico no soberano (un acto jurídico patrimonial semejante al que podría llevar a cabo un particular [*actae iure ges-*

1-44; R.E. DEGNAN y M.K. KANE, "The Exercise of Jurisdiction over and Enforcement of Judgments against Alien Defendants", en *The Hastings Law Journal*, 39, 1988, pp. 799-855; P. HAY, "American Judicial Jurisdiction over out-of-State Defendants revisited", en S. Kubis et al. (Eds.), *Ius Vivum: Kunst – Internationales – Persönlichkeit, Festschrift für Haimo Schack zum 70. Geburtstag*, Tübingen, Mohr Siebeck, 2022, pp. 622-630; G.P. MILLER, "In Search of the Most Adequate Forum: State Court Personal Jurisdiction", en *Standford Journal of Complex Litigation*, vol. 2: 1, Winter 2014, pp. 1-39; y, J.P. RAPP, *NS-Raubkunst vor amerikanischen Gerichten: aktuelle Entwicklungen der restitution litigation in den USA*, Tübingen, Mohr Siebeck, 2021, p. 48.

tionis])[77], ya sea de tracto sucesivo o de tracto único: *either a regular course of commercial conduct or a particular commercial transaction or act* (28 U.S.C. § 1603[d]).

2º) *Cómo se sabe si una actividad comercial se realiza en Estados Unidos o en el extranjero, pero causa un efecto directo en los Estados Unidos: A 'commercial activity carried on in the United States by a foreign state' means commercial activity carried on by such state and having substantial contact with the United States* (28 U.S. Code § 1603[e]).

---

77 *Malewicz v. City of Amsterdam* 362 F.Supp.2d 298, 313 (D.D.C. 2005), disponible en: https://casetext.com/case/malewicz-v-city-of-amsterdam-3 y en https://sherloc.unodc.org/cld/uploads/res/caselawdoc/traffickingculturalpropertycrimetype/usa/2007/malewicz_heirs_vs__city_of_amsterdam_html/Malewicz_v._City_of_Amsterdam_362_F._Supp._2d_298_-_Dist._Court_Dist.pdf. *Vid.*, A. CHECHI, E.VELIOGLU y M.-A. RENOLD, "Case 14 Artworks – Malewicz Heirs and City of Amsterdam", December 2013, disponible en: https://plone.unige.ch/art-adr/cases-affaires/14-paintings-2013-malewicz-heirs-and-city-ofamsterdam/case-note-2013-14-artworks-2013-malewicz-heirs-and-city-of-amsterdam; J. DRYSDALE, "Malewicz v. City of Amsterdam. F. SUPP. 2D 298 (D.D.C. 2005)", en *De Paul J. Art, Tech. & Intell. Prop. L.*, 16, 2005, pp. 161-172, disponible en: https://via.library.depaul.edu/jatip/vol16/iss1/5; y, H.N. SPIEGLER, "Litigation against a Foreign Sovereign in the United States to Recover Artworks on Temporary Loan: The Malewicz Case", en *Bringing Together the World's Lawyers*, nº 2007-1, disponible en: https://www.tagalliances.com/files/Specialty%20Group%20News/litigation/Herrick_Juriste%20International.pdf.

III. Determinación de la ley aplicable

Para determinar la ley aplicable en situaciones en las que intervienen múltiples nacionalidades, el Derecho internacional privado adopta sus propios métodos de regulación. Estos métodos han evolucionado a lo largo de la historia. En la Antigüedad y la Edad Media predominó un enfoque unilateral, con la creación de normas materiales que ofrecían respuestas jurídicas a situaciones de la vida privada internacional.

La determinación de la ley aplicable en litigios internacionales sobre bienes culturales es un aspecto esencial para resolver disputas de manera justa y efectiva. Este proceso involucra analizar diversos factores y aplicar principios de Derecho internacional privado.

Este principio determina qué ley aplicar cuando existen discrepancias entre las legislaciones de diferentes países. En el caso de bienes culturales, ello implica considerar:

- **Ley del lugar donde se encuentra el bien (= *lex rei sitae*):** Tradicionalmente, la ley del lugar donde se encuentra actualmente el bien ha sido crucial para determinar la propiedad. Sin embargo, en casos de restitución, se argumenta que la *lex situs* podría ser insuficiente para abordar adecuadamente las injusticias históricas.

- **Ley del país de origen del bien:** En casos de arte robado, algunos argumentan que la ley del país de origen debería tener precedencia, especialmente si el bien fue adquirido ilegalmente.

El caso de Cassirer destaca la complejidad inherente a situaciones donde las normativas legales de distintos países se encuentran en conflicto. La elección de la jurisdicción californiana para decidir sobre la propiedad de un bien cultural situado en España plantea preguntas fundamentales sobre la autoridad judicial, la competencia de los tribunales y la elección de la ley aplicable en el contexto transnacional.

1. MARCO JURÍDICO DE REFERENCIA

El marco jurídico de referencia para la determinación de la ley aplicable en litigios internacionales sobre bienes culturales en España se basa en un conjunto de normativas y principios tanto nacionales como internacionales. Este marco establece las pautas para identificar la legislación pertinente en cada caso específico.

- **Código Civil:**

El Código Civil Español[78] es un pilar fundamental en el marco jurídico para la determinación de la ley aplicable en litigios internacionales sobre bienes culturales. Sus disposiciones tienen implicaciones significativas en varios aspectos:

---

78 Real Decreto de 24 de julio de 1889 por el que se publica el Código Civil, *Gaceta de Madrid*, núm. 206, de 25 de julio de 1889.

a) **Normas de conflicto de leyes:** El Código Civil contiene normas de conflicto que son esenciales para determinar qué legislación debe aplicarse en casos con elementos internacionales. Estas normas ayudan a resolver cuestiones sobre la aplicación de leyes extranjeras y la determinación de la jurisdicción competente.

b) **Propiedad y transacciones de bienes:** En el contexto de bienes culturales, el Código Civil establece las reglas generales sobre la propiedad, los contratos de compraventa y la transmisión de bienes. Esto es crucial para casos que involucran disputas sobre la titularidad de bienes culturales, su compra o venta y la validez de las transacciones.

c) **Protección del patrimonio histórico-artístico y cultural:** Aunque la protección específica del patrimonio cultural se aborda principalmente en la legislación especializada, el Código Civil ofrece un marco general para entender cómo se aplica la ley española a bienes de importancia cultural, especialmente en lo referente a su protección, conservación y transmisión.

d) **Sucesiones y herencias:** En litigios que involucran la sucesión de bienes culturales, especialmente en contextos transfronterizos, el Código Civil proporciona las bases para determinar la ley aplicable a las sucesiones. Esto es esencial para casos que involucran herencias internacionales y la distribución de bienes culturales como parte del legado.

e) **Interacción con Tratados y Convenios internacionales:** Aunque el Código Civil es la ley fundamental en España, su aplicación en el contexto de bienes culturales debe considerar la interacción con tratados internacionales relevantes. Esto asegura que la ley aplicada sea coherente con las obligaciones internacionales de España.

El Código Civil Español, por tanto, proporciona un marco legal esencial para la determinación de la ley aplicable en litigios internacionales, ofreciendo principios y normas que guían la resolución de disputas en el contexto de la protección y recuperación de bienes culturales.

• **Reglamentos "Roma I" y "Roma II" de la Unión Europea:**

Los Reglamentos "Roma I" y "Roma II" de la Unión Europea son esenciales para determinar la ley aplicable en litigios internacionales, incluidos aquellos relacionados con bienes culturales. Estos reglamentos proporcionan un marco coherente y armonizado para la elección de la ley en el ámbito de la Unión Europea.

a) **Reglamento "Roma I"[79]:** Este reglamento se ocupa de la ley aplicable a las obligaciones contractuales. Establece las normas para determinar qué legislación nacional se aplica a los contratos internacionales. En el contexto de los bienes culturales, es particularmente relevante para contratos de compraventa, prés-

---

79 Reglamento (CE) Nº 593/2008 del Parlamento Europeo y del Consejo, de 17 de junio de 2008, sobre la ley aplicable a las obligaciones contractuales ("Roma I"), *DOUE* núm. 177, de 4 de julio de 2008.

tamo o restauración de obras de arte y otros bienes culturales.

b) **Reglamento "Roma II"[80]:** Este reglamento rige la ley aplicable a las obligaciones extracontractuales, lo cual es crucial para litigios relacionados con la responsabilidad civil, incluyendo la restitución de bienes culturales robados o dañados. Ofrece directrices sobre cómo determinar la ley aplicable en casos de delitos o actos ilícitos transfronterizos.

c) **Uniformidad y previsibilidad en la UE:** Ambos reglamentos buscan proporcionar uniformidad y previsibilidad en la determinación de la ley aplicable dentro de los Estados miembros de la UE. Esto es vital para garantizar la coherencia en el tratamiento de litigios transfronterizos y facilitar la resolución de disputas en el mercado interior.

d) **Excepciones y normas especiales:** Los reglamentos contienen disposiciones sobre excepciones y normas especiales en ciertas circunstancias. Por ejemplo, pueden existir reglas específicas relacionadas con la protección de los derechos de las partes más débiles o la consideración de leyes imperativas (*lois de police*).

e) **Interacción con otras leyes:** Aunque los Reglamentos "Roma I" y "Roma II" son instrumentos clave en la UE, su aplicación debe considerar

---

80 Reglamento (CE) Nº 864/2007 del Parlamento Europeo y del Consejo, de 11 de julio de 2007, relativo a la ley aplicable a las obligaciones extracontractuales ("Roma II"), *DOUE*, L 199/40, de 31 de julio de 2007.

la interacción con otras leyes nacionales relevantes y tratados y convenios internacionales, particularmente aquellos relacionados con bienes culturales y su protección.

La aplicación de los Reglamentos "Roma I" y "Roma II" es fundamental para proporcionar claridad y coherencia en la determinación de la ley aplicable en casos complejos que involucran bienes culturales en un contexto europeo e internacional.

• **Convenios y Tratados internacionales:**

Los convenios internacionales desempeñan un papel crucial en la determinación de la ley aplicable en litigios internacionales, especialmente en casos relacionados con bienes culturales. Estos convenios establecen marcos legales y principios comunes que trascienden las fronteras nacionales.

a) **Convención de la UNESCO de 1970:** La Convención de la UNESCO de 1970 sobre las Medidas que Deben Adoptarse para Prohibir e Impedir la Importación, la Exportación y la Transferencia de Propiedad Ilícitas de Bienes Culturales establece marcos para la prevención del tráfico ilícito de bienes culturales y fomenta la restitución de objetos culturales a sus países de origen en caso de exportación ilegal. Aunque no es retroactiva, sirve como un estándar ético y legal para los esfuerzos de restitución posteriores a su adopción.[81]

---

81 Convención sobre las medidas que deben adoptarse para prohibir e impedir la importación, la exportación y la transferencia de propiedad ilícitas de bienes culturales, de la *UNESCO*, de 14 de noviembre de 1970, disponible

b) **Convención de UNIDROIT de 1995:** Complementa la Convención de la UNESCO de 1970 proporcionando un marco legal más detallado para la restitución de bienes culturales robados y la devolución de bienes culturales exportados ilegalmente. Esta convención se centra en mejorar la cooperación internacional y establece principios para la devolución de objetos culturales robados, incluidos aquellos adquiridos de buena fe[82].

c) **Convenios de La Haya de 1954:** Aunque no es un caso judicial, la Convención de la Haya para la Protección de los Bienes Culturales en caso de Conflicto Armado de 1954 y sus protocolos han servido como referencia en debates legales sobre la restitución de bienes culturales. Esta convención establece normas para la protección de patrimonio cultural durante conflictos armados y ha sido citada en discusiones sobre la obligación de restituir bienes culturales tras su saqueo en guerras.[83]

---

en: https://es.unesco.org/about-us/legal-affairs/convencion-medidas-que-deben-adoptarse-prohibir-e-impedir-importacion.

82 Convención sobre los bienes culturales robados o ilegalmente exportados de la *UNIDROIT* de 24 de junio de 1995, disponible en: https://www.unidroit.org/instruments/cultural-property/1995-convention.

83 Convención de La Haya para la protección de los bienes culturales en caso de conflicto armado y Reglamento para la aplicación de la Convención, de 14 de mayo de 1954, disponible en: https://es.unesco.org/about-us/legal-affairs/convencion-proteccion-bienes-culturales-caso-conflicto-armado-y-reglamento.

La adhesión a estos convenios internacionales refleja el compromiso de los países con la protección del patrimonio cultural mundial y proporciona un marco esencial para la determinación coherente de la ley aplicable en litigios complejos que involucran bienes culturales.

2. LEY APLICABLE Y BIENES DEL PATRIMONIO HISTÓRICO ESPAÑOL

En el contexto de los bienes pertenecientes al patrimonio histórico español, la determinación de la ley aplicable reviste una importancia particular debido a la necesidad de preservar y proteger estos bienes de relevancia cultural e histórica.

a) **Ley de Patrimonio Histórico Español[84]:** Esta ley constituye el marco legal primordial para la protección, conservación y enriquecimiento del patrimonio histórico en España. Incluye disposiciones específicas sobre la clasificación, tratamiento y transacción de bienes culturales, y juega un papel crucial en la determinación de la ley aplicable en litigios relacionados con estos bienes. En otras palabras, la legislación española sobre la protección del patrimonio histórico y cultural incluye disposiciones relevantes para la restitución de bienes culturales. Esta ley establece el marco dentro del cual se pueden reclamar bienes culturales que han sido ilegalmente exportados o robados.

---

[84] Ley 16/1985, de 25 de junio, del Patrimonio Histórico Español, *BOE* núm. 155, de 29 de junio de 1985.

b) **Restricciones en la exportación y comercio:** La ley establece restricciones significativas en la exportación y comercio de bienes del patrimonio histórico, asegurando que su venta, transferencia o exportación cumpla con las normativas nacionales. Esto es crucial para casos que involucran la venta internacional de bienes culturales españoles.

c) **Protección de bienes inmuebles y muebles de valor cultural:** La ley no solo se ocupa de los bienes inmuebles, como edificios y monumentos, sino también de bienes muebles de valor cultural, incluyendo obras de arte, manuscritos y otros objetos históricos. La determinación de la ley aplicable en litigios sobre estos objetos se rige en gran medida por estas normativas.

d) **Restitución de bienes culturales:** En casos de expoliación o apropiación ilícita de bienes culturales, la ley proporciona un marco para su restitución. Esto es relevante en litigios internacionales donde se busca la devolución de bienes culturales a España.

e) **Interacción con normas internacionales:** Aunque la Ley de Patrimonio Histórico es clave, su aplicación debe considerarse junto con las obligaciones internacionales de España, especialmente en relación con tratados y convenciones sobre protección del patrimonio cultural.

La ley aplicable en casos que involucran bienes del patrimonio histórico español refleja un esfuerzo por equilibrar la protección legal de estos bienes con los principios de justicia y equidad, asegurando su preservación para futuras generaciones.

3. LEY APLICABLE Y BIENES DEL PATRIMONIO HISTÓRICO DE OTROS PAÍSES

La determinación de la ley aplicable a bienes pertenecientes al patrimonio histórico-artístico o cultural de otros países en litigios internacionales es una cuestión compleja, que requiere una cuidadosa consideración de una variedad de factores legales, culturales y éticos, asegurando un enfoque equilibrado y justo en la resolución de litigios.

4. LEY APLICABLE Y BIENES CULTURALES ROBADOS O EXPORTADOS ILÍCITAMENTE

La determinación de la ley aplicable en casos de bienes culturales robados o exportados ilícitamente es una cuestión de suma importancia, dada la necesidad de proteger el patrimonio cultural y combatir el tráfico ilícito de bienes.

a) **Principio de *lex originis*:** En muchos casos, la ley del país de origen del bien cultural (= *lex originis*) se considera fundamental. Esta ley rige la protección y el estatus legal de los bienes culturales y es crucial para decidir sobre reclamaciones de restitución y repatriación de bienes robados o exportados de manera ilícita.

b) **Convenciones internacionales:** La Convención de la UNESCO de 1970 y 1972, bien como la Convención de UNIDROIT de 1995 juegan un papel clave. Estos tratados establecen normativas internacionales para la restitución de bienes culturales robados y la devolución de bienes exportados ilícitamente, ofreciendo un marco para la determinación de la ley aplicable en estos casos.

c) **Jurisdicción del país de descubrimiento o recuperación:** En situaciones donde los bienes han sido descubiertos o recuperados en un país diferente al de origen, la ley de este país puede ser relevante, especialmente para medidas cautelares y procesos iniciales de reclamación.

d) **Derechos de propiedad y transacciones de buena fe:** Los litigios a menudo involucran la evaluación de los derechos de propiedad y la protección de adquirentes de buena fe[85]. Esto requiere equilibrar la ley del país de origen con las normas sobre la adquisición de bienes y los derechos de propiedad en el país donde se encuentra el bien.

La ley aplicable en casos de bienes culturales robados o exportados ilícitamente debe abordarse con un enfoque que respete los tratados internacionales, proteja el patrimonio cultural y garantice la justicia y equidad en el manejo de estas disputas sensibles.

A modo de ejemplo, como mencionado anteriormente, el Convenio de Unidroit[86] sobre Bienes Culturales Robados o Exportados Ilícitamente constituye

---

85 En el proceso de restitución, también se consideran los derechos de adquirentes de buena fe. Esto implica evaluar las circunstancias de la adquisición y determinar soluciones justas y equitativas que respeten tanto los derechos del país de origen como los del actual poseedor.

86 *Vid.* C. M. C. DOMÍNGUEZ, "Restitución y nacionalismo cultural", en *Tiempo de Paz: Arte y Valores*, [*s. l*], v. 149, n. 7, p. 52-61, verano 2023, disponible en: https://revista-

un mecanismo crucial para facilitar la devolución o restitución automática de bienes culturales.

El artículo 10.3 de la Convención de UNIDROIT de 1995 establece que no legitima las transacciones ilegales anteriores a su entrada en vigor, es decir, que no es retroactivo. El hecho generador de la aplicación de la Convención es la fecha de la exportación ilegal de la obra de arte, lo que exige comprobar cuándo ratificó el Acuerdo cada país signatario. En otras palabras, la exportación ilegal debe haberse producido después de la entrada en vigor de la Convención tanto en el país requirente como en el país donde se presenta la solicitud (art. 10.2).

Además, es fundamental subrayar que el solicitante debe ser un país, ya que el mecanismo de recuperación actúa inter partes. Por lo tanto, tanto el país desde el que se exportaron ilegalmente las mercancías como el país que presenta la solicitud deben ser Estados parte o Estados miembros de la Convención de UNIDROIT de 1995.

Estas condiciones son esenciales para que el mecanismo de recuperación de bienes culturales funcione de acuerdo con los principios establecidos en la Convención.

---

tiempodepaz.org/wp-content/uploads/2023/08/R-149.Tiempo-de-Paz_online_.pdf#page=54.

IV. Especial referencia a la regulación del comercio internacional de bienes culturales y UE

La regulación del comercio internacional de bienes culturales dentro de la Unión Europea es un área de creciente importancia dada la necesidad de proteger el patrimonio cultural y asegurar un comercio justo y legal de estos bienes.

La Unión Europea ha implementado varias regulaciones para controlar y regular el comercio de bienes culturales. Estas incluyen medidas para prevenir el tráfico ilícito, establecer criterios uniformes para la exportación e importación, y facilitar la restitución de bienes culturales robados o exportados ilícitamente.

Además, la UE requiere licencias de exportación para ciertos bienes culturales, asegurando que su salida de los Estados miembros se realice legalmente y con conocimiento de su importancia cultural. Estas licencias ayudan a prevenir la exportación ilegal y a mantener un registro de los bienes culturales que cruzan fronteras.

La Unión Europea mantiene y promueve el uso de bases de datos de bienes culturales robados, como la base de datos de INTERPOL, para asistir en la identificación y recuperación de bienes. Esto facilita la cooperación transfronteriza entre autoridades nacionales y organismos de aplicación de la ley. También fomenta la cooperación entre Estados miembros para la recuperación y restitución de bienes culturales. Esto incluye el apoyo a iniciativas para devolver bienes culturales a sus países de origen y la colaboración en investigaciones y procesos judiciales.

Especialmente sobre obras de arte, la *Fundación INTERPOL para un Mundo más Seguro* explica que "[...] las obras de arte valiosas también son el banco de ladrones para financiar sus actividades delictivas. El comercio ilícito de obras de arte se mantiene gracias a la demanda del mercado de las artes, la apertura de fronteras, la mejora de los sistemas de transporte y la inestabilidad política de ciertos países"[87].

Las regulaciones de la UE se alinean y complementan las disposiciones de tratados internacionales como la Convención de la UNESCO de 1970. Esto asegura un impacto coherente y refleja un compromiso con la protección del patrimonio cultural[88], la lucha contra el tráfico ilícito y la promoción de un comercio legal y ético de bienes culturales.

---

87 Fundación INTERPOL para un Mundo más Seguro. **Protección del patrimonio cultural**, disponible en: https://www.interpol.int/es/Delitos/Delitos-contra-el-patrimonio-cultural/Proteccion-del-patrimonio-cultural.

88 La restitución de bienes culturales desde y hacia los Estados miembros refleja el compromiso de la UE con la protección del patrimonio cultural y la promoción de un mercado de arte y antigüedades responsable y legal.

1. RESTITUCIÓN DE BIENES CULTURALES QUE HAYAN SALIDO DE FORMA ILEGAL DEL TERRITORIO DE UN ESTADO MIEMBRO

La restitución de bienes culturales que han sido ilegalmente sacados del territorio de un Estado miembro de la Unión Europea es un aspecto crucial en la protección del patrimonio cultural y el combate al tráfico ilícito de bienes.

La Unión Europea ha establecido un marco legal específico que facilita la restitución de bienes culturales sacados ilegalmente de un Estado miembro: La Directiva 2014/60. Este marco incluye directrices y procedimientos para identificar, reclamar y retornar dichos bienes a su país de origen dentro de la UE.[89]

La Directiva 2014/60 define los "bienes culturales" como aquellos que un Estado miembro reconoce como parte de su "patrimonio nacional que posea un valor artístico, histórico o arqueológico", independientemente de que se definieron así antes o después de su salida ilegal del país (artículo 2). A diferencia de la Directiva 93/7, la definición de bienes culturales de la Directiva 2014/60 no está condicionada a la inclusión de estos bienes en categorías específicas de un anexo o lista, ya que el anexo de la Directiva 93/7 no se ha incorporado a la Directiva 2014/60[90].

---

89 Directiva 2014/60/UE del Parlamento Europeo y del Consejo, de 15 de mayo de 2014, relativa a la restitución de bienes culturales que hayan salido de forma ilegal del territorio de un Estado miembro, y por la que se modifica el Reglamento (UE) Nº 1024/2012, *DO*UE L 159/1, de 28 de mayo de 2014.

90 *Vid.* C. M. C. DOMÍNGUEZ. RESTITUCIÓN Y NACIONALISMO CULTURAL. Tiempo de Paz: Arte y Valores, [*s. l*], v.

También cabe destacar una diferencia significativa entre la Directiva 2014/60 y el Convenio Unidroit de 1995. Mientras que la primera exige la existencia de exportación ilegal[91], la segunda permite la devolución de bienes culturales robados y la devolución de bienes culturales exportados ilegalmente (art. 1.a y art. 1.b).

Además de regular el procedimiento de restitución automática, la Directiva también incluye una disposición de conflicto que determina la ley que regirá la propiedad en un procedimiento posterior sobre el fondo del asunto. Es importante señalar que el artículo 13 especifica la ley aplicable a la propiedad de los bienes tras su restitución, que es la ley del Estado miembro requirente[92].

149, n. 7, p. 52-61, verano 2023, disponible en: https://revistatiempodepaz.org/wp-content/uploads/2023/08/R-149.Tiempo-de-Paz_online_.pdf#page=54.

91 *Vid.* Directiva 2014/60/UE. Artículo 2°. A efectos de la presente Directiva se entenderá por: 1) «bien cultural»: un bien que esté clasificado o definido por un Estado miembro, antes o después de haber salido de forma ilegal del territorio de dicho Estado miembro, como «patrimonio artístico, histórico o arqueológico nacional», con arreglo a la legislación o procedimientos administrativos nacionales en el sentido del artículo 36 del TFUE; 2) «que haya salido de forma ilegal del territorio de un Estado miembro»: a)que haya salido del territorio de un Estado miembro infringiendo su legislación en materia de protección del patrimonio nacional o infringiendo las disposiciones del Reglamento (CE) no 116/2009, o b) que no haya sido devuelto al término de una salida temporal realizada legalmente, o que se infrinja cualquier otra condición de dicha salida temporal.

92 *Vid.* C. M. C. DOMÍNGUEZ. RESTITUCIÓN Y NACIONALISMO CULTURAL. Tiempo de Paz: Arte y Valores, [*s. l*], v. 149, n. 7, p. 52-61, verano 2023, disponible en: https://revis-

Respecto a la oportunidad del hecho judicializado, la Directiva 2014/60 se aplica si la exportación ilegal tuvo lugar a partir del 1 de enero de 1993[93]. Sin embargo, los Estados miembros tienen la opción, como España, de aplicarla también a las mercancías exportadas ilegalmente desde el territorio de otros Estados miembros antes de esa fecha[94].

La restitución implica una estrecha cooperación entre los Estados miembros, lo que incluye el intercambio de información, asistencia en investigaciones y procedimientos judiciales, y apoyo en la identificación y recuperación de los bienes culturales[95].

---

tatiempodepaz.org/wp-content/uploads/2023/08/R-149. Tiempo-de-Paz_online_.pdf#page=54.

93 *Vid.* Directiva 2014/60/UE. Artículo 14. La presente Directiva sólo será aplicable a las salidas ilegales del territorio de un Estado miembro que se hayan producido a partir del 1 de enero de 1993.

94 *Vid.* Directiva 2014/60/UE. Artículo 15. 2. Los Estados miembros podrán aplicar el régimen previsto en la presente Directiva a las solicitudes de restitución de bienes culturales que hayan salido de forma ilegal del territorio de otros Estados miembros antes del 1 de enero de 1993.

95 La UE dispone de una legislación específica que regula tanto la exportación e importación, como la restitución de bienes culturales dentro del mercado interior, que incorpora los principios de los principales convenios internacionales destinados a la protección y a la restitución del patrimonio cultural. La aprobación y entrada en vigor de la Directiva 2014/60/UE sobre restitución de bienes culturales objeto de tráfico ilícito debería haber comportado también la adopción de mecanismos de cooperación destinados a desarrollar un sistema unificado de restitución de bienes culturales entre los EEMM, con la ayuda de las Tecnologías de la Información y Comunicación (TIC) y, en especial el Sistema de Información del Mercado Inte-

Tanto el Convenio como la Directiva establecen un plazo relativo de 3 años a partir del momento en que el país de origen tiene conocimiento de la identidad del titular y del paradero del bien cultural. En otras palabras, el plazo para presentar una solicitud comienza cuando el país de origen cumple estos dos requisitos simultáneamente. Además, ambos instrumentos establecen un plazo absoluto: 50 años en el caso del Convenio y 30 años en el caso de la Directiva, contados a partir de la fecha de la exportación ilegal[96].[11]

---

rior (IMI). El régimen jurídico-administrativo diseñado para facilitar y unificar la devolución de los bienes culturales exportados o importados ilícitamente dentro del mercado interior constituye un paso inicial, a pesar de la falta de armonización de conceptos clave como el de bienes culturales, objetos arqueológicos, país de origen de los objetos y país de salida, que dificultan esta cooperación, tal y como ha puesto en evidencia el Primer Informe de la Comisión para mejorar la trazabilidad y restitución de bienes culturales exportados ilícitamente del mercado interior europeo. *Vid.* M. JULIÀ BARCELÓ, "La restitución de bienes culturales en el mercado interior europeo: el deber de cooperación y el uso de las TIC", en REDI, vol. 76 (2024), 2, pp. 113-142.

96 *Vid.* Directiva 2014/60/UE. Artículo 8.1. Los Estados miembros dispondrán en su legislación que la acción de restitución en virtud de la presente Directiva prescriba en un plazo de tres años a partir de la fecha en que la autoridad central competente del Estado miembro requirente haya tenido conocimiento del lugar en el que se encontraba el bien cultural y de la identidad del poseedor o del tenedor del mismo. En cualquier caso, la acción de restitución prescribirá en un plazo de treinta años a partir de la fecha en que el bien cultural haya salido de forma ilegal del territorio del Estado miembro requirente. No obstante, en el caso de bienes pertenecientes a colecciones públicas,

La UE promueve el uso de sistemas de alerta y bases de datos, como el Sistema de Información del Mercado Interior (IMI) y la base de datos de INTERPOL, para buscar, rastrear y recuperar bienes culturales robados o exportados ilegalmente.

Los procedimientos para la restitución de bienes culturales incluyen mecanismos legales para presentar reclamaciones, pruebas de la salida ilegal de los bienes y procesos para facilitar su retorno seguro y efectivo.

2. EXPORTACIÓN DE BIENES CULTURALES

La exportación de bienes culturales desde los Estados miembros de la Unión Europea está sujeta a regu-

---

que se definen en el artículo 2, punto 8, y de bienes incluidos en los inventarios de instituciones eclesiásticas o de otras instituciones religiosas en aquellos Estados miembros donde tales bienes estén sometidos a un régimen especial de protección según la ley nacional, la acción de restitución prescribirá en un plazo de 75 años, excepto en los Estados miembros donde la acción sea imprescriptible o en el marco de acuerdos bilaterales entre Estados miembros en los que se establezca un plazo superior a 75 años.

97 *Vid.* Convenio de UNIDROIT sobre los bienes culturales robados o exportados ilícitamente de 1995. Artículo 5.5 Toda demanda de devolución deberá presentarse dentro de un plazo de tres años a partir del momento en que el Estado requirente haya conocido el lugar donde se encontraba el bien cultural y la identidad de su poseedor y, en cualquier caso, en un plazo de cincuenta años a partir de la fecha de la exportación o de la fecha en la que el bien hubiese debido devolverse en virtud de la autorización a que se hace referencia en el párrafo 2 del presente artículo.

laciones específicas que buscan equilibrar la libre circulación de bienes con la protección del patrimonio cultural. A continuación, tratamos algunas de ellas:

a) **Regulaciones de la UE sobre Exportación de Bienes Culturales:** La Unión Europea ha implementado un conjunto de regulaciones que establecen criterios claros y procedimientos para la exportación de bienes culturales. Estas normativas buscan prevenir la salida ilegal de bienes de valor cultural y garantizar que su exportación se realice de manera controlada y legal.[98]

b) **Licencias de Exportación:** Uno de los mecanismos clave son las licencias de exportación. Para bienes culturales de cierta importancia, se requiere una licencia para su exportación fuera de las fronteras de la UE. Estas licencias son emitidas por las autoridades competentes de cada Estado miembro y buscan asegurar que los bienes culturales sean exportados de acuerdo con la ley.

c) **Criterios para la Emisión de Licencias:** Los criterios para la emisión de licencias de exportación incluyen la evaluación del valor histórico, artístico o arqueológico del bien. Se considera su relevancia para el patrimonio cultural del Estado miembro y la necesidad de su preservación dentro de la UE.

---

98 COMISIÓN EUROPEA, "Normas de la UE para la protección del patrimonio cultural Importación y exportación de bienes culturales", disponible en https://ec.europa.eu/taxation_customs/business/customs-controls/cultural-goods_en.

d) **Control y Vigilancia en las Fronteras:** La UE promueve un control efectivo en sus fronteras para detectar y prevenir la exportación ilegal de bienes culturales. Esto implica la cooperación entre aduanas, policía y autoridades culturales.

e) **Cooperación Internacional en la Protección del Patrimonio Cultural:** La regulación de la exportación de bienes culturales también implica la cooperación con organizaciones internacionales y otros países fuera de la UE, especialmente en la lucha contra el tráfico ilícito de bienes culturales.

f) **Equilibrio entre Protección del Patrimonio y Movilidad Cultural:** Las regulaciones buscan un equilibrio entre la protección del patrimonio cultural y la promoción de la movilidad y el intercambio cultural. Esto reconoce la importancia de la circulación de bienes culturales para la educación, la cultura y la ciencia.

Las normativas de la UE sobre la exportación de bienes culturales reflejan un compromiso con la protección del patrimonio cultural y la promoción de un comercio de arte y antigüedades legal y responsable.

3. IMPORTACIÓN DE BIENES CULTURALES

Como veremos a continuación, la importación de bienes culturales en la Unión Europea es un área regulada con especial atención, dada su importancia para la protección del patrimonio cultural, el combate al tráfico ilícito de bienes y asegurar que el intercambio cultural se realice de manera responsable y legal.

a) **Regulaciones de la UE sobre importación de bienes culturales:** La UE ha establecido normativas específicas para la importación de bienes culturales, con el objetivo de garantizar que estos bienes ingresen al territorio de la UE de manera legal y transparente. Estas regulaciones buscan prevenir la entrada de bienes culturales robados o exportados ilícitamente de sus países de origen[99].

b) **Verificación de la legalidad en la importación:** Las autoridades aduaneras de los Estados miembros de la UE están facultadas para verificar la legalidad de los bienes culturales importados. Esto incluye la comprobación de la documentación adecuada que demuestre la legalidad de su exportación del país de origen.

c) **Cooperación con países Fuera de la UE:** La UE coopera estrechamente con países fuera del bloque en materia de importación de bienes culturales. Esto incluye el intercambio de información y la colaboración en investigaciones relacionadas con el tráfico ilícito de bienes culturales.

d) **Restricciones y controles en la importación:** Existen restricciones y controles específicos sobre la importación de ciertos bienes cultura-

---

[99] Reglamento (UE) 2019/880 del Parlamento Europeo y del Consejo, de 17 de abril de 2019, relativo a la introducción y la importación de bienes culturales, *DOUE* L 151/1, de 7 de junio de 2019.

les, especialmente aquellos que tienen un alto valor histórico, artístico o arqueológico. Estas medidas son esenciales para proteger el patrimonio cultural global.

e) **Responsabilidad de importadores y comerciantes:** Los importadores y comerciantes de bienes culturales tienen la responsabilidad de asegurarse de que su importación cumpla con las leyes de la UE y del país de origen. Esto incluye la debida diligencia para verificar el origen y la legalidad de los bienes.

f) **Promoción de un comercio ético y legal:** Las regulaciones de la UE sobre la importación de bienes culturales reflejan un compromiso con la promoción de un comercio ético y legal. Esto fomenta un mercado de arte y antigüedades que respeta el patrimonio cultural y combate el tráfico ilícito.

PARTE II

LITIGIOS PRIVADOS INTERNACIONALES SOBRE BIENES CULTURALES: DE *LA DAMA DE ORO* AL *CASO CASSIRER*

V. El caso de La dama de oro

"Retrato de Adele Bloch-Bauer", de Gustav Klimt, también conocido como "La dama de oro"[100], brilla más que nunca en la Neue Galerie de Nueva York con una muestra de bocetos y fotografías que coincide con el estreno del filme que narra la historia detrás de este cuadro robado por los nazis[101]. Este cuadro es dos cosas a la vez: una gran pintura y un símbolo. El símbolo de la restitución de obras de arte robadas por los nazis, ya que la pintura no llegó a la galería sino después de un juicio de ocho años de una de las familiares de los Bloch-Bauer contra el Gobierno austríaco.

"La dama de oro", desde luego, tiene indudables valores artísticos: inauguró en 1907 la época dorada de Klimt y Adele Bloch-Bauer fue la única mujer que fue retratada más de una vez por el pintor. Una pintura con trampantojo de mosaico en la más pura tradición "klimtiana". De otro, esconde la gran historia

---

100 *Vid.*, en sentido amplio, el magistral trabajo de P.M. ALL, "La dama de oro. Entre el acceso a la justicia, la inmunidad y el arbitraje", en A. ORTEGA GIMÉNEZ (Dir.) y otros, *Inmigración y cine,* Colección "Cuadernos de Inmigración y Cine del Observatorio Provincial de la Inmigración de Alicante, 3.2021", 1ª edición, Thomson Reuters Aranzadi, Cizur Menor (Navarra), 2021, pp. 247-280.

101 *Vid.*, en sentido amplio, https://www.efe.com/efe/usa/cultura/la-dama-de-oro-klimt-brilla-mas-que-nunca-en-neue-galerie-y-cines/50000109-2572124.

que ahora se ha hecho película: la de la sobrina de Adele Bloch-Bauer, Maria Altmann, que está interpretada en "The Woman in Gold" por Helen Mirren.

Retrato Adele Bloch-Bauer 1, 1907 por Gustav Klimt

Fuente: www.gustav-klimt.com/Portrait-Of-Adele-Bloch-Bauer-1.jsp

Altmann consiguió en 2006, con 90 años y con ayuda de su abogado Randol Schoenberg, que este cuadro y otros cinco más colgados en la galería Belvedere de Viena fueran devueltos a su familia. Ella, que siempre dijo que lo único que quería era tener por fin un lavavajillas, lo vendió en Sotheby's a Lauder, quien siguió de cerca todo el proceso e incluso se ofreció a pagar los costes del juicio y hoy aseguró que la Neue Galerie es el lugar "donde Maria Altmann siempre quiso que estuviera". Altmann, con su "fuerte determinación", en palabras de Lauder, era la única pariente viva del matrimonio Ferdinand y Adele Bloch-Bauer, mecenas y asiduos de los círculos culturales vieneses, que organizaban con frecuencia reuniones de intelectuales en las no solían faltar el propio Klimt y el compositor Richard Strauss.

Klimt también realizó para el matrimonio otro retrato de Adele ("Adele Bloch-Bauer II") y tres paisajes que fueron legados a sus sobrinos antes de ser confiscados por las autoridades tras la anexión en 1938 de Austria por la Alemania nazi.

"La dama de oro" está respaldada por otro de los grandes empresarios judíos del país, Harvey Weinstein, quien además de contar con la ganadora del Óscar por "The Queen", ha reclutado a Ryan Reynolds, Katie Holmes y a Daniel Brühl para este filme dirigido por Simon Curtis.

Con una mirada seria y penetrante, rodeada de mil ojos y arropada en telas de oro se presenta ante nosotros Adele Bloch-Bauer, retratada por el pincel del pintor austriaco Gustav Klimt durante su denominado "estilo dorado"[102]. El retrato de Adele Bloch-Bauer I de Klimt combina influencias del simbolismo y el Art Nouveau con un uso innovador y lujoso de pan de oro y plata, que refleja un aura de riqueza y espiritualidad. Este estilo es notoriamente conocido por su ornamentación detallada y el uso intensivo de texturas y patrones que casi llegan a abrumar el sentido visual, pero al mismo tiempo, capturan de manera sublime la esencia y la personalidad de su sujeto. El retrato no es solo

---

102 *Vid.*, en sentido amplio, https://www.galantiqua.com/2018/04/el-retrato-de-adele-bloch-bauer-la-dama-de-oro.html.

una representación visual de Adele, sino una amalgama de iconografía personal y estilística que trasciende el tiempo y el espacio, convirtiéndola en una figura casi divina, inmersa en un halo de oro y misterio.

La técnica de Klimt para este retrato implica un complejo entrelazado de elementos ornamentales que incluyen motivos simbólicos como halos, espirales y campos geométricos que sugieren una rica tapicería de significados. Estos elementos no solo crean una textura visual rica sino que también añaden capas de significado que reflejan las inquietudes y ambiciones de la sociedad vienesa de su tiempo. Además, la manera en que Klimt maneja la figura y el fondo desafía las convenciones tradicionales, haciendo que el sujeto y su entorno sean indivisibles y destacando la fusión de lo humano con lo divino y lo material con lo espiritual.

Este enfoque revolucionario en la representación de Adele no solo subraya la importancia de la figura retratada sino que también habla del propio Klimt como innovador en un momento de gran efervescencia cultural y artística. El cuadro, por tanto, se convierte no solo en un retrato, sino en un statement artístico, un ícono de la era moderna y un testimonio de la búsqueda de nuevas formas de expresión en las artes visuales.

Además de su belleza y técnica, el retrato es rico en simbolismo. Los halos, espirales, y los campos geométricos son elementos que no solo añaden una textura visual, sino que también encapsulan múltiples capas de significado relacionadas con la vida y los intereses de Adele. Cada elemento simbólico en la pintura — desde los patrones repetidos hasta los colores utilizados— refleja aspectos de su identidad y sus conexiones con la cultura vienesa de su tiempo.

La habilidad de Klimt para fusionar contenido, forma y contexto en 'Retrato de Adele Bloch-Bauer I' no solo subraya su destreza como pintor sino que también refleja su filosofía artística. Para él, el arte debía ir más allá de la representación realista; debía evocar emociones, provocar pensamientos y explorar profundidades psicológicas y espirituales. Este retrato, por lo tanto, no es solo un visualmente impresionante, sino que es una pieza clave en el estudio del modernismo y de cómo el arte puede influir y reflejar las transformaciones sociales y culturales.

Adele Bloch-Bauer fue un mecenas de la escena cultural vienesa de principios del siglo XX. Su padre dirigía uno de los mayores bancos austriacos, garantizándole así una vida de comodidades. Se casó con el magnate azucarero Ferdinand Bloch.

Fue una mujer avanzada a su tiempo, ansiosa de libertad y aprendizaje, que se formó a sí misma y se convirtió en la anfitriona de un salón cultural, además de apoyar fervientemente al sufragio femenino. De salud frágil, Adele falleció de meningitis en 1925 con tan solo 43 años de edad.

El Viena de finales del siglo XIX y principios del XX, conocido como la 'era dorada', representó un punto de inflexión crucial en la historia cultural y artística europea. Durante este período, la ciudad se transformó en un epicentro de innovación y cambio, atrayendo a artistas, intelectuales y visionarios de toda Europa. La atmósfera efervescente de Viena fue moldeada por un creciente descontento con las restricciones impuestas por las estructuras académicas y una fascinación por las nuevas ideas que desafiaban el orden establecido.

La Secesión Vienesa, que emergió como una respuesta directa a estas corrientes restrictivas, fue fundada en 1897 por un grupo de artistas entre los que se encontraba Gustav Klimt, Koloman Moser y Josef Hoffmann. Esta alianza artística buscaba romper con la tradición académica, promoviendo un arte que fuera tanto experimental como accesible al público general. El movimiento se caracterizó por su lema 'A cada época su arte. Al arte su libertad', subrayando su compromiso con la creación de un arte que reflejara los tiempos contemporáneos y estuviera libre de las convenciones históricas.

Durante estos años, Viena se convirtió también en un hervidero de actividad intelectual, con figuras como Sigmund Freud y Ludwig Wittgenstein, que remodelaron el pensamiento occidental. La interacción entre estos intelectuales y el mundo del arte no fue incidental, sino una colaboración que fomentó una rica cultura de debate y experimentación. Los cafés de Viena servían como lugares de encuentro donde artistas e intelectuales discutían ideas que desafiaban los límites del arte, la ciencia y la filosofía.

Klimt, en particular, se convirtió en un icono de esta era, famoso por su rechazo a las convenciones y su abrazo a los temas de la sensualidad y la regeneración, reflejados en sus obras doradas, lujosamente ornamentadas y a menudo erotizadas, que escandalizaban y fascinaban a la sociedad vienesa. Su estilo, caracterizado por el uso intensivo de oro y decoración compleja, encontró resonancia en un Viena que estaba en medio de su propio conflicto cultural entre la tradición conservadora y las fuerzas modernizadoras.

Adele Bloch-Bauer, inmersa en este caldo de cultivo cultural, no solo fue la musa de Klimt sino también una participante activa y patrocinadora de las artes. Su salón se convirtió en un punto de encuentro para intelectuales y artistas, donde se discutían ideas progresistas y se formaban las estéticas que definirían una generación. Este ambiente enriquecido y estimulante fue fundamental para que Klimt desarrollara su estilo único, y proporcionó el telón de fondo ideal para la creación del Retrato de Adele Bloch-Bauer I, una obra que captura la esencia de una era en transición y refleja el vibrante intercambio intelectual y artístico de su tiempo.

Este telón de fondo cultural y social no sólo enriqueció la creación del Retrato de Adele Bloch-Bauer I, sino que también aseguró que la obra se convirtiera en mucho más que una simple representación. En cada pincelada, Klimt capturó el espíritu de una era, la esencia de una Viena en la cúspide de la modernidad, haciendo del retrato un testimonio duradero del apogeo y la complejidad de su tiempo.

Siete años antes que ella fallecía el pintor que la plasmó en el lienzo. Gustav Klimt la pintó por un encargo de Ferdinand Bloch en 1903, transformándola en una manifestación dorada inspirada por los mosaicos bizantinos de Rávena. Los rumores cuentan que surgió una relación más que amistosa entre Klimt y Adele.

La historia de María Altman (sobrina de Adele), quedó marcada en el año 1938 cuando Hitler entraba en Viena vitoreado por el pueblo austriaco. Casi al instante su familia quedó recluida en su casa vigilados por soldados alemanes continuamente y viendo sus pertenencias desfilar una tras otra hacia lo que sería un viaje de no retorno.

Antes de que la desgracia terminara de cernirse sobre ella, María y su esposo, un cantante de ópera llamado Fritz Altmann, escaparon del arresto domiciliario. Dejando atrás a su familia y una casa que había compartido con su tía Adele, consiguieron subirse a un avión con destino a Colonia. Finalmente, en 1942 se instaló definitivamente en California.

Una vez el retrato estuvo en propiedad de los nazis fue recolocado durante más de seis décadas en las paredes de la Galería Belvedere de Viena. Pero María, con la intención de hacer justicia por el dolor que le habían causado a su familia, decidió recuperar lo que le pertenecía 56 años después.

En 1998, con 82 años, decidió emprender una lucha judicial con Austria ayudada por su abogado Randol Schoenberg (descendiente del compositor judío, y también vienés, Arnold Schoenberg). Se topó con un país que todavía seguía ocultando el pasado y cerrando los ojos ante lo ocurrido, pero ella no se detuvo. Gracias a un testamento que había escrito su tío, que decía que dejaba los retratos de Klimt a sus tres sobrinos, pudo recuperar la preciada obra en el año 2006.

Nadie duda de la millonaria cifra de obras que robaron y destruyeron los nazis. Muchas de ellas hoy siguen en paradero desconocido o fuera de las manos de sus verdaderos propietarios. El retrato de la "Dama de Oro" fue una de las primeras obras en ser restituidas a sus legítimos propietarios, a pesar del icono cultural que se había convertido para Austria.

María decidió vender el retrato de su tía al magnate de los cosméticos y presidente de la Neue Galerie de Nueva York, Ronald S. Lauder, por la cifra de 135 millones de dólares. El resto de las piezas se subastaron en Christie's por unos 190 millones. Entre esas piezas estaba el retrato de Adele Bloch-Bauer II.

La restitución de obras de arte como el retrato de Adele Bloch-Bauer no solo resuelve cuestiones de propiedad legal, sino que también plantea importantes dilemas éticos sobre el legado cultural y la responsabilidad histórica. La batalla legal por la restitución de estas obras destaca la tensión entre los intereses nacionales y los derechos individuales de las familias despojadas de su herencia cultural por regímenes opresivos. Este caso, en particular, subraya la necesidad de una revisión más ética y transparente en las políticas de los museos y galerías, que a menudo enfrentan el dilema entre mantener obras de gran valor cultural y devolverlas a sus legítimos dueños.

Las implicaciones legales de estos procesos son complejas e involucran la interpretación de tratados internacionales, leyes nacionales, y la jurisprudencia relacionada con la propiedad y la transferencia de bienes culturales robados. El caso de 'La Dama de Oro' sirve como un precedente significativo en el derecho internacional privado, especialmente en la aplicación de la Foreign Sovereign Immunities Act en Estados Unidos, que jugó un papel crucial en permitir que este caso pudiera ser juzgado en un tribunal estadounidense. Además, destaca la función de las leyes de restitución, que se han desarrollado en las últimas décadas para facilitar el retorno seguro y legal de obras de arte a sus países y propietarios originales.

Este diálogo entre ética y legalidad en la restitución de arte robado es fundamental para entender la creciente demanda de justicia histórica y reparación, subrayando la necesidad de un marco legal más robusto que proteja el patrimonio cultural y promueva la reconciliación histórica. Así, mientras la restitución de 'La Dama de Oro' a su familia representa un triunfo de la justicia sobre la adversidad, también ilustra los desafíos continuos y las responsabilidades que enfrentan las instituciones culturales en la era moderna.

La restitución del retrato de 'La Dama de Oro' y su impactante venta no solo cerraron un capítulo en la larga batalla legal, sino que también marcaron el comienzo de una nueva narrativa en la esfera pública sobre la importancia y el impacto de la restitución del arte. El elevado precio de la obra y su historia dramática captaron la atención mundial, lo que llevó a una mayor conciencia y discusión sobre el destino de otras obras de arte robadas y extraviadas durante conflictos y regímenes opresivos. Este evento ha fomentado un diálogo público más amplio acerca de la propiedad del arte, la identidad cultural y la memoria histórica, subrayando la necesidad de políticas más transparentes y justas en el manejo del arte y el patrimonio cultural.

La venta del retrato a Ronald Lauder y su exhibición permanente en la Neue Galerie en Nueva York ha transformado a 'La Dama de Oro' en un símbolo de supervivencia y resistencia. Su historia es un testimonio del poder del arte para trascender la tragedia y convertirse en un vehículo para la recuperación y el entendimiento cultural. Además, el retrato se ha convertido en un caso de estudio en debates sobre ética en la gestión de museos y en la formación de políticas sobre restitución de arte a nivel internacional.

El interés mediático en la historia también ha inspirado obras creativas, como la película 'La Dama de

Oro', que no solo dramatiza la lucha por la restitución sino que también profundiza en las complejas emociones y la significación histórica de la obra. Este enfoque mediático ayuda a educar al público y a sensibilizar sobre temas que son esenciales en la discusión contemporánea sobre derechos culturales y justicia histórica, asegurando que historias como la de María Altmann y su tía Adele Bloch-Bauer no sean olvidadas.

Una mirada seria, pero algo inquieta. Una cara sonrojada probablemente por todos los ojos que rodean su cuerpo envuelto en un vestido de oro y por todos los ojos que sabría la contemplarían durante siglos. Cuando alguien se pone delante de Retrato de Adele Bloch-Bauer I sabe que está ante una de las obras maestras de la pintura universal, primer cuadro del llamado "estilo dorado" de Gustav Klimt, la cima de su carrera. Cuando lo hacía Maria Altmann, veía a su tía, Adele Bloch-Bauer, una mecenas de la escena cultural vienesa de principios del siglo XX, a quien Klimt convirtió con este retrato en una visión dorada y una celebridad, y cuyo nombre casi fue borrado de la historia por los nazis, que, queriendo tachar toda huella judía de la obra, la renombraron *Woman in Gold* ("La dama de oro")[103].

"La dama de oro" es ahora el título de una película, protagonizada por Helen Mirren, que se estrena en España el próximo viernes, y de una exposición en la Neue Galerie de Nueva York alrededor del retrato original. Un título bajo el que se encuentran dos historias: la de Adele Bloch-Bauer y Klimt y la de Maria Altmann y su titánica lucha de siete años contra el Go-

---

103 *Vid.*, en sentido amplio, https://elpais.com/cultura/2015/04/01/babelia/1427903756_268975.html.

bierno austriaco para recuperar no una obra de arte, sino el retrato de su tía, descolgado por los nazis de las paredes de su casa en Viena y recolocado durante más de seis décadas en las de la Galería Belvedere de la capital austriaca.

De entre todos los casos de restitución del arte robado por los nazis, el del Retrato de Adele Bloch-Bauer fue uno de los más famosos y dolorosos para Austria.

Fue de los primeros que convirtieron lo que pretendían fuera un inofensivo lavado de imagen en una caja de Pandora abierta en canal por donde salían el dolor, la culpa y la vergüenza del pueblo austriaco por haber permitido y vitoreado la entrada de Hitler en las calles de Viena en 1938.

Ese año, poco después de que Fritz Altmann, cantante de ópera y marido de Maria, pasara un breve periodo en el campo de concentración de Dachau, la pareja escapó del arresto domiciliario al que les tenían sometidos los nazis, consiguió subirse a un avión con destino a Colonia y alcanzar la frontera holandesa, guiados por un campesino en una noche sin luna, siguiendo un riachuelo y unos cables de espinos. En 1942 se instalaron en California y no volvieron a Europa, al menos mientras Fritz siguió vivo. Dejaron atrás a los padres de ella, y una casa que compartieron con sus tíos, Adele y Ferdinand Bloch-Bauer, y que había visto en sus salones a personajes de la talla de Richard Brahms, Mahler, Wagner, Stephan Zweig y, por supuesto, a Klimt.

"Adele Bloch-Bauer creció en unas circunstancias privilegiadas", explica Janis Staggs, comisaria de la exposición en la Neue Galerie que, precisamente, pone en contexto el retrato a partir de fotografías de Adele y su familia, de Klimt en su estudio y durante su vida privada, y a partir de "ejemplos de artes decorativas de la Wiener Werkstätte, como joyas y artículos de aseo, que podrían haber sido objetos que la propia Adele tuviera", continúa Staggs, señalando un trozo de tela de seda negra con flores que coincide con el que lleva Adele en una de las fotos. Su padre dirigía uno de los mayores bancos austriacos y ella se casó con Ferdinand Bloch, magnate azucarero, cuando tenía 18 años, uniéndose así dos de las familias más ricas del Imperio Austrohúngaro. Adele se casó también para ganar libertad. Como mujer avanzada a su tiempo, intentó ir a la Universidad, pero en la sociedad del momento no estaba bien visto, y decidió formarse a sí misma. Leía en alemán, inglés y francés, y se convirtió en la anfitriona de un salón cultural, además de apoyar el sufragio femenino. "Mi tía no era de organizar tardes de té con señoritas como mi madre", dijo Maria Altmann una vez. "No era su estilo".

En 1903, Ferdinand encargó a Klimt un retrato de Adele. El pintor, que acababa de volver de un viaje inspirador por los mosaicos de Rávena, la transformó en esa visión dorada que se considera una "obra trascendental" en su carrera y que tardó en acabar cuatro años, en los que pudo surgir algo más que una relación pintor-modelo. "Ha habido muchas especulaciones sobre su relación íntima", confirma Staggs. "En parte por el parecido físico de Adele a la Judith que pintó Klimt semidesnuda. Pero no hay pruebas que puedan confirmarlo", añade la comisaria de la muestra neoyorquina.

De salud siempre frágil, Adele murió de meningitis en 1925 a los 43 años, siete después de que falleciera

Klimt, a los 55. El dormitorio en el que estaban Retrato de Adele Bloch-Bauer I, Retrato de Adele Bloch-Bauer II —una versión en verdes y malvas que el vienés terminó en 1912— y otros cuatro paisajes también pintados por él se convirtió en una suerte de sala en su memoria, que siempre tenía flores frescas.

Su vocación de mecenas llevó a Adele a pedir a su marido en su testamento que los dos retratos que le había hecho Klimt fueran donados a la Galería Austriaca en Viena. Ese documento fue sobre el que el Gobierno de Austria se apoyó durante años para conservar su particular Mona Lisa dentro del país. "No podemos imaginar Austria sin ella", le dicen en un momento a la Maria Altmann de Helen Mirren en la película que dirige Simon Curtis. "Hay gente que cree que ese cuadro es herencia nacional, que les pertenece como pueblo austriaco", cuenta el realizador durante una entrevista en Nueva York. Otros creen que era una cuestión demasiado personal. Maria Altmann tampoco podía imaginar no recuperar a su tía, al menos en palabra, y con ella conseguir justicia para su familia. "Probablemente, si el Gobierno austriaco hubiera reconocido el robo, ella habría dejado el cuadro en Austria, en el museo de Viena, como quería su tía", añade Curtis. Pero no fue así. En 1998, bajo las presiones de la opinión pública de revisar el pasado nazi, el Ministerio de Cultura austriaco abrió sus archivos por primera vez. Fue entonces cuando el periodista Hubertus Czernin (interpretado por Daniel Brühl en el filme) descubrió el testamento que había escrito Ferdinand Bloch-Bauer a su muerte en el exilio suizo en 1945. En él dejaba los seis klimts a sus tres sobrinos.

En 1998, Maria Altmann, tras la muerte de su hermana y ya como única superviviente, decidió emprender una lucha judicial, ayudada por el abogado Randol Schoenberg (también descendiente de un judío vienés emigrado, el compositor Arnold Schoenberg). Maria Altmann tenía entonces 82 años y volvió a Viena por primera vez en medio siglo para encontrarse con un país que aún quería dejar el pasado en el pasado, que no quería recordar. "Muchas veces me dijo: 'Estoy cansada, me temo que voy a morir antes de que esto acabe", relata Ronald S. Lauder, magnate de la firma cosmética, presidente de la Neue Galerie y que apoyó a Maria en todo un proceso que, por suerte, sí vio terminar.

Finalmente, en 2006, mediante un arbitraje, Austria devolvía a Maria las seis obras de Klimt, y Lauder le compró Retrato de Adele Bloch-Bauer I por la cifra récord de 135 millones de dólares —el resto se subastó en Christie's por unos 190 millones—, con la condición de que estuviera colgado siempre en su museo de la Quinta Avenida, en Nueva York, a la vista de todo aquel que quisiera admirar una obra maestra de la pintura universal y el retrato de su tía, una mujer de oro con un nombre: Adele Bloch-Bauer.

¿Cuántas veces hemos sentido la necesidad de superar el pasado pero sin ser capaces de dejar atrás nuestros recuerdos más profundos? Esta es la cuestión sobre la que gira el argumento de *Woman in gold* ("La dama de oro"), una película dirigida por Simon Curtis y protagonizada por Helen Mirren que no deja indiferente a ningún amante del cine, ni mucho menos, del arte[104].

---

104 *Vid.*, en sentido amplio, https://arteneablog.wordpress.com/2017/06/12/la-dama-de-oro-una-reconciliacion-con-el-pasado-artistico-e-historico/.

En "La dama de oro", desde la primera escena, se respira la importancia que va a tomar el retrato de Adele Bloch-Bauer a lo largo de toda la película, ya que se muestra el momento exacto en el que Adele posa para el pintor Gustav Klimt mientras éste ultima la obra. En el primer diálogo entre ambos, ella muestra su inquietud y preocupación por el futuro. Podría decirse que se trata de un detalle premonitorio introducido por el director, ya que posteriormente ella fallecería enferma de meningitis y gran parte de su familia sería asesinada por los nazis.

La relación entre María y su abogado toma gran fuerza en el argumento y se posiciona como uno de los elementos más determinantes de la historia, una relación con toques de humor y frivolidad. Randy es un joven letrado con muchas agallas y algo inexperto, acaba de ser padre y de encontrar un buen puesto en un bufete de abogados de gran prestigio. Maria por su parte es una mujer valiente y tranquila, dueña de una boutique en Cheviot Hills, Los Ángeles. Dos personalidades completamente heterogéneas y chocantes que finalmente se conjugan con un mismo fin: la restitución de la obra a su verdadera dueña. El fantástico empleo de la ironía por parte de Maria contrastan con la actitud algo patética del abogado en las primeras escenas de la película, pero a medida que transcurre el largometraje vemos como esos papeles dan un giro de 360°, llamando sobre todo la atención la profesionalidad con la que Randy es capaz de resolver la cuestión que tienen entre manos; así como la confianza que deposita Maria en su abogado hasta el final del proceso, renunciando varias ofertas de abogados de prestigio.

Resulta determinante también la constante conexión entre el presente y el pasado a lo largo de todo el film. Maria es una mujer que trata de olvidar su tormentoso pasado pero en el momento en el que, tras la muerte de su hermana, encuentra entre sus pertenecías una carta que hacía referencia a los intentos infructuosos para recuperar la emblemática obra de Klimt, el retrato de su tía Adele, la lluvia de recuerdos para María es inevitable.

A través de continuos flashbacks, Simon Curtis consigue ilustrar a la perfección la juventud de la protagonista y combinarla con el momento actual en el que se producen los hechos. Por lo tanto, el largometraje se desarrolla en tres escenarios diferentes: por un lado, California (donde viven los protagonistas y deciden comenzar todo el proceso) y la Viena actual (donde viajarán para tratar de recuperar las obras artísticas pertenecientes a la familia Bloch-Bauer); por otro lado, la Austria de los años veinte, treinta y cuarenta, donde comprendemos la historia de la familia de Atmann anterior al asedio nazi y las graves consecuencias que este suceso tuvo para ellos.

Gracias al uso del blanco y negro en las escenas que hacen referencia al pasado de Maria y del colorido en las escenas de la actualidad también ayuda a poner al espectador en contexto y a involucrarse en el largo proceso. En la película, además, se observan numerosos guiños a las tradiciones austriacas como las fiestas y los bailes típicos del país.

También es muy destacable la lucha David (Altmann y Randy) contra Goliat (el gobierno austriaco) que se pone de manifiesto a lo largo de toda la película y el triunfo final de la justicia. Es especialmente impactante el conmovedor y emocionante discurso de Randy ante el Tribunal austriaco, lo que mostraría el lado más sensible del abogado, dejando en un plano muy lejano el interés económico por el que decidió ayudar a Maria a recuperar los cuadros y saliendo a la luz el lado más humano del joven letrado.

En una de las últimas escenas, durante una conversación entre María y Randy ésta exclama: "estás manteniendo todos los recuerdos vivos". Aquí vemos reflejado el afecto de María hacia el abogado, quien es su único y fiel apoyo durante todo el proceso legal que lleva a cabo y hacia quien se muestra agradecida. Pero el final de la película se revela la verdad de una triste realidad: a pesar de que se haya hecho justicia, nunca nada ni nadie podrá aliviar el recuerdo de todo lo que se perdió durante el Holocausto. Cabe destacar la sensibilidad con la que el autor trata este tema tan traumático en la historia universal a través de los protagonistas, quienes refuerzan su relación gracias al fuerte vínculo que los une gracias a sus raíces comunes.

En definitiva, estamos ante una adaptación de la historia real centrada en el sentimiento, la justicia y el valor económico del arte. La batalla judicial entre Maria Altman y la República de Austria es la trama central de la película, el valor artístico en sí mismo queda por completo en un segundo plano.

Los intereses económicos se hacen presentes en varias escenas en las que abogados, propietarios de museos y coleccionistas ansían aprovecharse de la situación de María ofreciendo una ayuda para la resolución judicial a cambio de la venta o cesión de la obra una vez se resuelva el caso —recordemos que se trata de una obra única en el mundo—.

Uno de los aspectos más llamativos de la película es la mención al gusto del arte por parte de los nazis.

En el momento en que se explica el expolio sufrido por parte de la familia Altman, por el cual todas las propiedades más valiosas acabaron en manos de los jerarcas más poderosos de la élite nazi; se menciona que a ellos no les gustaba la obra de Klimt porque era "demasiado degenerada para su gusto". Por ello, el primer retrato de Adele Bloch-Bauer se lo quedó un comandante nazi (Bruno Grimscnitz) que posteriormente cedió a la galería Beldevere. El cuadro pasa a llamarse 'La dama de oro'

Si hay una película que permite articular temas de Derecho internacional privado atinentes a la jurisdicción internacional, la inmunidad de jurisdicción de los Estados, el foro de necesidad, el *forum non conveniens,* la caución de arraigo, el arbitraje como medio alternativo de solución de controversias, el reconocimiento y ejecución de decisiones extranjeras y, como si ello no fuera ya bastante, se introduce también en el derecho de fondo aplicable a las situaciones de expropiación de bienes culturales, sin duda es "La Dama de Oro". El filme permite trazar sinergias entre instituciones jurídicas y herramientas procesales, analizar el concepto mismo de acceso a la justicia como derecho fundamental, entre otras cuestiones.

Uno puede indagar porqué motivos no se intentó una acción en Austria y si los gastos de iniciación de juicio y la caución de arraigo constituyen una traba al acceso a la justicia. ¿Correspondía, por tanto, intentar una acción ante los tribunales de los Estados Unidos para decidir en torno a la propiedad de un cuadro en un litigio que enfrentaba a una mujer residente en los Estados Unidos y al Estado austríaco? ¿Eran competentes dichos jueces? ¿En virtud de qué criterios? ¿Operaba el foro de necesidad o el criterio americano del *doing business*? ¿Podía el Estado austríaco ser juzgado sin su consentimiento ante los tribunales de otro país o es factible que el mismo alegue su inmunidad de jurisdicción? Someter a juicio a Austria por hechos que ocurrieron 60 años antes, ¿resultaba posible? ¿Constituía esto un *forum non conveniens*? ¿Llevaba la razón el Gobierno de Austria cuando solicitó al Tribunal de Distrito de California que debía de declinar su competencia bajo la doctrina del *forum non conveniens*? ¿Qué sucede con la ejecución de sentencias extranjeras en Austria? ¿Por qué el arbitraje termina siendo un modo posible para solucionar la controversia? ¿Cómo juega el *hard law* y el *soft law* en materia de restitución de obras de arte?

Frente al rechazo por parte de la Comisión de restitución, Maria Altmann decide presentar su reclamo ante la Corte de Justicia de Austria para recuperar las obras de Klimt y, en particular, el retrato de su tía Adele. Sin embargo, el primer inconveniente con el que tropieza es la enorme suma de dinero que debe pagar. A los fines de litigar ante dicho tribunal, la Corte le exige que deposite una suma de más de 1.8 millones de dólares, es decir, un monto proporcional al valor de la obra de arte en disputa. A pesar de que María Altman solicitó parte de la exención del coste de acceso a la justicia de la Corte en Viena, la cantidad que debía pagar se acercaba a los 350.000 dólares americanos con lo cual, ni aun vendiendo todos los bienes que poseía en Estados Unidos, le alcanzaba para cubrir esa suma. Esa es la razón por la que decide no litigar en Viena.

Frente la imposibilidad de litigar en Austria, el abogado de Maria Altmann no se dio por vencido y acudió en el año 2000 a los tribunales de Estados

Unidos, argumentando que éste era el país donde la actora tenía su residencia habitual desde hacía muchos años. La primera consideración que cabe hacer es preguntarse si los tribunales americanos tenían jurisdicción para conocer y decir el caso. Veamos: la demandante vivía en California y los tribunales de Estados Unidos correspondían al lugar de su residencia habitual. El sistema legal de este país exige que exista un vínculo entre el caso y el juez que debe entender en virtud de la doctrina de los contactos mínimos. Por tanto, se considera que la jurisdicción competente es la del tribunal del lugar donde el demandado reside, o donde reside el demandante, o donde suceden las circunstancias fácticas del caso o cualquier otro lugar que pueda estar relacionado con aquel. Cabe considerar que los tribunales norteamericanos consideraron también como justificativo para declararse competentes la imposibilidad real y práctica de María Altmann de litigar ante los jueces austríacos debidos a los altísimos costos impuestos a la actora. Los costos excesivos de litigar en Austria convertían a los tribunales de dicho país en un foro inadecuado. De esta forma, a los fines de garantizar el acceso a la justicia y a una tutela judicial efectiva y evitar, en cierta medida, una muy probable denegación de justicia, los tribunales estadounidenses tuvieron en cuenta esta especie de foro de necesidad o *forum necessitatis.*

El gobierno austríaco alegó que el caso que se había llevado ante los jueces estadounidenses era un "caso interno austríaco" y que, por tanto, los tribunales americanos no tenían jurisdicción para resolver el mismo. Sin embargo, la residencia habitual de la actora en Estados Unidos, sumado al hecho de que, como veremos luego, la Galería Belvedere había realizado actividades comerciales en Estados Unidos, eran "contactos mínimos" que justificaban la apertura de jurisdicción de los tribunales americanos.

Ahora bien, no todo iba a resultar tan sencillo ante los tribunales de Estados Unidos. El Estado austríaco, al ser demandado, alega su inmunidad de jurisdicción.

María Altmann argumentó que Austria no tenía inmunidad de jurisdicción de acuerdo con la *Foreign Sovereign Immunities Act* de Estados Unidos (FSIA) de 1976 debido a que el caso se subsumía dentro de la excepción de expropiación que excluye de dicha inmunidad a ciertos casos que supongan expropiación de la propiedad contraria al derecho internacional[105].

Austria, por su parte, alegó en su defensa dos argumentos: por una parte, que en 1948 cuando los hechos que suscitaron el presente caso tuvieron lugar, en Estados Unidos se aplicaba la tesis de la inmunidad absoluta y, por otra, que la FSIA no podía ser aplicada retroactivamente.

En relación a la primera cuestión, la FSIA se enrola en la teoría de la inmunidad relativa y, por tanto, reconoce excepciones que permiten llevar a los Estados extranjeros ante los tribunales americanos. La sección § 1605 sobre *General exceptions to the jurisdictional immunity of a foreign state* dispone que "*(a) A foreign state shall*

---

105 *Vid.* C.M. VÁZQUEZ, "Altmann v. Austria and the Retroactivity of the Foreign Sovereign Immunities Act", *Georgetown Public Law and Legal Theory Research Paper*, nº 12-079, 2005, disponible en: https://scholarship.law.georgetown.edu/cgi/viewcontent.cgi?article=1988&context=facpub.

not be immune from the jurisdiction of courts of the United States *or of the States in any case (...) (2) in which the action is based upon a* commercial activity *carried on in the* United States *by the foreign state; or upon an act performed in the* United States *in connection with a* commercial activity *of the foreign state elsewhere; or upon an act outside the territory of the* United States *in connection with a* commercial activity *of the foreign state elsewhere and that act causes a direct effect in the* United States; *(3) in which rights in property taken in violation of international law are in issue and that property or any property exchanged for such property is present in the* United States *in connection with a commercial activity carried on in the* United States *by the foreign state; or that property or any property exchanged for such property is owned or operated by an agency or instrumentality of the foreign state and that agency or instrumentality is engaged in a* commercial activity *in the United States*". Por tanto, las dos excepciones podrían aplicarse al caso que estamos analizando debido a que la excepción de "actividad comercial" queda configurada porque la Galería Belvedere de Viena comercializaba catálogos de las obras en Estados Unidos, y en uno de ellos en la portada se encontraba la reproducción de la pintura de "La Dama de Oro", tal como lo descubre accidentalmente en una librería el abogado de María Altmann. Dicho de manera clara, Austria "comercializaba" catálogos en Estados Unidos, con lo cual la excepción de "actividad comercial" se presentaba en este caso. Así las cosas, la venta de un catálogo sobre obras de arte expuestas en la galería austríaca, de acuerdo a la regla del *doing business* y de la *Stream of commerce* (Austria vendía sus productos y dirigía sus mercancías hacia el mercado de Estados Unidos), abría la posibilidad de que los tribunales americanos se consideraran con jurisdicción para entender el pleito por los perjuicios derivados de la expropiación efectuada por los nazis de las obras de arte. Vale decir que quien hace negocios en Estados Unidos (vende los catálogos) y dirige sus actividades comerciales a los Estados Unidos (con el catálogo la Galería intentaba captar futuros visitantes —"clientes"— para el museo vienés) puede ser demandada ante sus jueces y, por tanto, la inmunidad soberana de Austria caía por presentarse un caso de *iure gestionis.* Pero como si esto no fuera suficiente, también resultaba aplicable la excepción de expropiación[106]; sin embargo, al momento de declarar su jurisdicción los tribunales estadounidenses aún no contaban con la certeza de si las obras habían sido donadas a la Galería austríaca por su propietario —Ferdinand Bloch-Bauer— o si, en cambio, habían sido confiscadas por los nazis. Esto constituía una cuestión de fondo que el tribunal aún no había dilucidado ya que, en primer término, debía resolver su competencia para actuar en el caso.

Los requisitos necesarios para que el trámite cumpliera la § 1605 eran: 1) que la propiedad hubiese sido robada violando el derecho internacional, 2) que la propiedad perteneciese a una agencia del Estado extranjero (Galería Belvedere), y 3) que dicha agencia tuviese enlaces de actividades comerciales en los Estados Unidos (en el caso, vendiendo catálogos en Barnes & Noble).

Con respecto a la segunda cuestión, si bien es verdad que la FSIA fue aprobada en 1976, es decir,

---

[106] Sobre la aplicación de esta excepción, *Vid.* C. ESPÓSITO MASSICCI, *Inmunidad del Estado y derechos humanos*, Cuadernos Thomson Civitas, Navarra, Aranzadi, 2007, pp. 143 y ss.

con posterioridad a la ocurrencia de los hechos que motivaron el litigio planteado en la película, el tribunal de Distrito de California sostuvo que la FSIA era susceptible de aplicarse retroactivamente a "actos ilícitos anteriores a 1976", siendo confirmada esta decisión por el Tribunal de Apelaciones del *Ninth Circuit,* quien consideró que Austria no podía beneficiarse de la inmunidad de jurisdicción por los hechos cometidos en el período de ocupación nazi. La Suprema Corte en su fallo "*Republic of Austria v. Altmann*", 541 U.S. 677 de fecha 07/04 2004 señala que la FSIA puede aplicarse en forma retroactiva, rompiendo de este modo con la doctrina de la "irretroactividad" que se había sostenido hasta ese momento. De esta forma lo resuelto por el máximo tribunal adquiere una enorme importancia ya que crea un precedente de que, a partir de ese momento, la FSIA se puede aplicar en los casos en que "los hechos hayan ocurrido antes de 1976".

Tras una larga e intensa batalla judicial las partes decidieron pactar el sometimiento de la controversia a arbitraje. Si bien es cierto que al principio del conflicto María Altmann le había propuesto al gobierno de Austria llevar el caso a arbitraje, el gobierno desestimó esta opción. Transcurridos varios años, las circunstancias habían cambiado. Por un lado, a María Altmann le preocupaba el tiempo —dada su edad— e intentaba conseguir celeridad en los resultados de su reclamo y, por otro, al gobierno de Austria lo inquietaba que los tribunales judiciales de Estados Unidos resolvieran sobre el fondo del asunto. Luego de arduas conversaciones, las partes acordaron un arbitraje *ad hoc,* de derecho, con sede en Austria, con un tribunal arbitral integrado por 3 árbitros austríacos y, en relación al derecho aplicable, pactaron que tanto para el procedimiento como para las cuestiones de fondo se aplicaría derecho austríaco[107].

Sabido es que, entre las ventajas que ofrece el arbitraje como medio de solución de controversias se encuentra la neutralidad, ecuanimidad y flexibilidad en el proceso. Por otra parte, tampoco era una cuestión menor la posibilidad de obtener el reconocimiento y la ejecución del laudo arbitral en Austria. Para Altmann el tiempo contaba y el reloj de su edad en un litigio de estas características jugaba en su contra. Para Austria, "el mayor beneficio que obtenía de acudir al arbitraje era la posibilidad de elegir un árbitro y huir, de ese modo, de la aparente y supuesta parcialidad del tribunal estadounidense, inclinado hacia la devolución de la obra a su legítima dueña, que se había convertido desde hacía años en nacional estadounidense"[108].

El 15/01/2006 el tribunal arbitral con sede en Austria dictó su laudo en el que ordenó la restitución de las obras de arte —incluida "la Dama de Oro" a su legítima propietaria, María Altmann[109].

---

107 El texto en inglés de la *Austrian Arbitration Act* de 2013- basada en la Ley Modelo de UNCITRAL- (SEC 577-618 Austrian Code of Civil Procedure, in force as of 1 January 2014), puede consultarse en: https://www.viac.eu/en/arbitration/content/austrian-arbitration-act-2013.

108 *Vid.* I. LORENTE MARTÍNEZ, "The Woman In Gold – La Dama de Oro. Cine, arte y Derecho internacional privado", disponible en: http://accursio.com/blog/?p=878.

109 El laudo se encuentra disponible en: http://bslaw.com/altmann/Klimt/award.pdf.

Un enfrentamiento jurídico paralelo que se ha producido en esta situación tiene que ver con la existencia de dos enfoques de la cuestión de los bienes culturales: el nacionalista y el internacionalista. El internacionalismo cultural promueve la idea de que los bienes culturales forman parte del patrimonio mundial y deben protegerse en función de intereses globales. Por otro lado, la perspectiva nacionalista considera que estos objetos forman parte del patrimonio cultural nacional y defiende que deben conservarse en los museos de su país de origen[110].

Así, según este punto de vista, las piezas que se encuentran en otros países debido a expolios, saqueos o exportaciones ilegales deben ser devueltas a su país de origen. Este punto de vista sustenta muchas solicitudes de repatriación, como la de Altmann contra la República de Austria, en la que se pide que los bienes sean devueltos a su lugar de origen para que puedan ser apreciados por la población local que comparte la cultura que los originó. Esto favorece la idea de restitución.

La Resolución 42/7 de la ONU de 1987[111] incluso apoya esta opinión al afirmar que la restitución es crucial para la creación de colecciones que reflejen el

---

110 *Vid.* M. MASUROVSKY, "A Comparative Look at Nazi Plundered Art, Looted Antiquities, and Stolen Indigenous Objects" en *North Carolina Journal Of International Law,* Chapel Hill, v. 45, n. 2, p. 497- 526, jan. 2020.

111 La Resolución adoptada por la Asamblea General de la ONU en 1987 abordaba el retorno de los bienes culturales con valor espiritual y cultural a sus países de origen, argumentando que este retorno es esencial para que los pueblos puedan construir colecciones que representen adecuadamente su patrimonio cultural.

patrimonio cultural de los pueblos y para la reparación simbólica del error o la ilegalidad que dio lugar a la sustracción de estos bienes. Aunque "reparación" tiene una connotación económica en derecho, en este contexto se refiere más a un acto simbólico de reconocimiento del error o la ilegalidad asociados a la sustracción del bien.

Habían pasado más de 60 años desde que los nazis expropiaron las obras de arte de la casa de la familia de María Altmann, pero finalmente se hacía justicia. El tribunal arbitral tomó en consideración para laudar que el testamento de Adele se limitaba a solicitar a Ferdinand Bloch-Bauer que después de su muerte legara los cuadros a la Galería austríaca. Ahora bien, su esposo no estaba obligado legalmente a hacerlo porque, debido a la muerte de Adele, él se había convertido en el único propietario legítimo de los cuadros hasta el momento de su muerte y, antes de fallecer, voluntariamente, había legado todos sus bienes a sus sobrinos. La única pariente sobreviviente de Ferdinand era María Altmann.

María Altmann, tras recuperar el retrato de su tía, lo vendió por 135 millones de dólares a Ronald Lauder con la única condición de que la obra siempre estuviera expuesta para que quien quisiera pudiera contemplarla —cumpliendo así el deseo de su tía Adele—. El museo que alberga la obra no es el de Austria, sino la Galería Neue de Nueva York. Ya todos conocen la identidad de la mujer retratada en el cuadro de Gustav Klimt.

El 08/11/2016 Christie's subastó las otras cuatro pinturas de Klimt que habían sido recuperadas por la familia Bloch-Bauer. Hasta 2013, esta subasta fue considerada como la más taquillera de todos los tiempos.

"La dama de oro" pone de manifiesto lo que ahora nos ocupa: en los últimos años se ha producido un incremento exponencial de los litigios privados internacionales relacionados con la propiedad de bienes muebles culturales. Es cierto que el tráfico ilícito es un fenómeno delictivo existente desde la antigüedad. Desde la fascinación por el arte y la cultura hasta el simple medio para llegar a la consecución de otro hecho delictivo, nuestra historia está plagada de casos en los que el patrimonio artístico y cultural se ha visto afectado. El notable aumento del robo de bienes culturales propició una mayor seguridad en el tráfico de bienes y la Convención de la UNESCO de 1970 reguló la forma de importación y exportación de bienes culturales. El Convenio UNIDROIT de 1995 elaboró un listado de bienes inventariados y establece un plazo de tres años para interponer la demanda de restitución de un bien.

A los expolios que generalmente se producían en el pasado, hoy día, se añade el hecho de que Internet ofrece un instrumento valioso a los traficantes, permitiendo que el tráfico ilícito de bienes culturales sea más rápido, más fácil e incluso más difícil de combatir para las autoridades. Sin embargo, Internet también se puede utilizar en contra de los traficantes. Internet hace que las comunicaciones sean más rápidas y fáciles. Hoy, cuando se roba un objeto, pueden publicarse alertas en todo el mundo rápida y fácilmente. Ahora bien, la función de Internet no se acaba aquí: se han creado muchas bases de datos y soportes lógicos para señalar los objetos robados y ayudar a localizarlos en el mercado cuando los ladrones tratan de revenderlos.

La cooperación judicial en materia de tráfico ilícito de bienes culturales se encuentra condicionada en la actualidad por la ausencia de un marco normativo específico que exige a su vez una mínima armonización de las legislaciones penales de los estados en un marco lo más global posible y el establecimiento de medidas que garanticen el embargo de los bienes en circulación. Además, sigue pesando la ausencia de especialización en la materia de los operadores policiales y jurídicos en las distintas naciones.

VI. El caso Gurlitt

El caso Gurlitt emergió como uno de los episodios más intrigantes y complicados en la historia reciente del arte y el derecho internacional privado. Este caso no solo arrojó luz sobre una colección de arte perdida sino también sobre las sombrías circunstancias de su adquisición durante y después de la Segunda Guerra Mundial.

Se trata de uno de los mayores casos de saqueo de obras de arte de la historia de Alemania. Básicamente, Hildebrand Gurlitt fue un marchante de arte de la época nazi que colaboró con el régimen para confiscar y vender obras de arte "degeneradas" de colecciones públicas y privadas[112].

"Entartete Kunst" (arte degenerado) era la clasificación que el Partido Nazi daba al arte moderno. Según el diccionario, "degenerado" significa algo que se ha transformado en un estado inferior, caído o depravado. Así, para justificar su ideología racial, el régimen alemán consideraba impuras y ofensivas las obras de arte que no se alineaban con sus ideales nacionalistas. De este modo, al determinar lo que era arte puro y lo que era arte degenerado, ya no hay expresión de la individualidad y subjetividad del artista,

---

112 *Vid.* A. SHOUMATOFF, The Devil and the Art Dealer. 2020. Vanity Fair, disponible en: https://www.vanityfair.com/news/2014/04/degenerate-art-cornelius-gurlitt-munich-apartment.

porque el arte pertenece al Reich. Así, la conexión entre arte y política bajo el Tercer Reich se hizo indivisible, quedando a la sombra de su agenda ideológica.

El proyecto nazi pretendía mantener a la población suficientemente optimista. En otras palabras, mientras el régimen intensificaba el control sobre la comunicación y la libertad de expresión, también mantenía a raya a la población mediante promesas de alimentos, empleo y fomento del honor nacional. El polémico incendio del Reichstag (el antiguo parlamento alemán) en 1933, supuestamente provocado por una amenaza comunista, llevó a Hitler a presionar al presidente von Hindenburg para que emitiera un decreto que imponía severas medidas contra la subversión política. Este decreto, que suspendía legalmente las asambleas y violaba la privacidad postal, dio lugar a que un mes después se concedieran plenos poderes a Hitler, consolidando así su dictadura.

En el mismo periodo, el presidente creó el Ministerio de Ilustración Popular y Propaganda (*Reichsministerium für Volksaufklärung und Propaganda* — RMVP), con la misión de dirigir y controlar[113] la ideología nazi en la prensa, la literatura, las artes visuales, el cine, el teatro y la música.

Hildebrand Gurlitt, por su vez, era conocido como uno de los ayudantes más importantes de Adolf Hitler en el saqueo de las obras de arte del pueblo judío. Incluso con el paso del tiempo, consiguió ocultar su

113 El ministro Joseph Goebbels declaró: "[...] las artes son un ejercicio público; no son sólo estéticas, sino también morales, y el interés público exige no sólo supervisión policial, sino también orientación."

colección sin dejar rastro y fue exonerado de consecuencias penales en la posguerra. Del mismo modo, Cornelius Gurlitt, hijo de Hildebrand y "heredero del tesoro", vivió como un fantasma durante décadas, vendiendo ocasionalmente algunas de "sus" preciosas obras en el mercado del arte.

En 2012, la revelación de que Cornelius Gurlitt poseía más de 1,400 obras de arte en su apartamento en Múnich, incluyendo piezas de incalculable valor de artistas como Picasso, Chagall y Dix, sacudió al mundo del arte y al ámbito legal internacional. Cornelius falleció dos años después.

El descubrimiento no solo planteó preguntas sobre la propiedad y la proveniencia de las obras, sino también sobre las obligaciones éticas y legales de los estados, museos y descendientes de las víctimas del saqueo nazi. Las complejidades del caso Gurlitt involucran aspectos cruciales del derecho internacional privado, como la restitución de bienes culturales, la aplicación de convenciones internacionales y las jurisprudencias de diferentes países respecto a bienes robados o expropiados ilegalmente.

Una de las áreas legales más desafiantes en casos como el de Gurlitt es la aplicación de las leyes de prescripción, que se refieren al período durante el cual se puede presentar una reclamación legal antes de que expire el derecho a hacerlo. En muchos sistemas jurídicos, las leyes de prescripción están diseñadas para aportar certeza y estabilidad, evitando que los conflictos legales se prolonguen indefinidamente. Sin embargo, en el contexto del arte saqueado, especialmente durante conflictos como la Segunda Guerra Mundial, estas leyes presentan dilemas éticos y prácticos significativos.

La problemática surge porque muchas obras de arte saqueadas fueron ocultadas o permanecieron en colecciones privadas durante décadas, a menudo más allá del período de prescripción estándar. Esto significa que, legalmente, las reclamaciones de los herederos de los propietarios originales podrían ser desestimadas simplemente por el paso del tiempo, independientemente de la justicia subyacente de su reclamación. Este aspecto de la ley ha generado debates intensos sobre si las reglas de prescripción deberían ser relajadas o modificadas en casos donde los bienes fueron adquiridos de manera inmoral o ilegal durante períodos de conflicto o persecución.

En respuesta a estos desafíos, algunos países han comenzado a revisar sus leyes de prescripción específicamente para casos de arte robado. Por ejemplo, en Alemania, después de casos de alto perfil como el de Gurlitt, ha habido llamados a reformar la legislación para permitir excepciones a las leyes de prescripción en circunstancias donde se trata de bienes culturales saqueados por los nazis. Estas reformas propuestas buscan equilibrar la necesidad de certeza legal con la necesidad de justicia histórica y moral para las víctimas del saqueo.

Los desafíos en la restitución de las obras de la colección Gurlitt son notables, especialmente en términos legales. La complejidad de la legislación internacional complica la restitución debido a diferencias en las leyes nacionales, como se observa en el caso alemán donde la controversia se centra en la propiedad legítima y las leyes de prescripción. El debate legal se intensificó por la falta de documentación clara sobre la adquisición de muchas obras durante el régimen nazi, y el museo de Berna enfrentó críticas al aceptar la colección sin resolver completamente estas cuestiones legales[114]. Además, la falta de transparencia y la lentitud en los procesos han sido fuente de críticas, donde destaca la frustración de los herederos y las comunidades afectadas por la demora en la resolución de casos[115]. Esto provoca la necesidad de proteger los derechos legales de los herederos y la responsabilidad ética de corregir las injusticias del pasado. La legislación a veces se queda corta al no adaptarse rápidamente a las necesidades de casos tan complejos y sin precedentes como ese, lo que pone en relieve la necesidad de reformas legales que consideren las particularidades del arte saqueado. Obras de artistas como Claude Monet, Salvador Dalí y Edvard Munch fueron objeto de una censura cultural y gubernamental sistemática por el régimen nazi. No se trataba de un boicot: era un proyecto bien estructurado.

Esta situación ha llevado a discusiones sobre cómo mejorar las políticas internacionales y los protocolos de cooperación entre países para asegurar una restitución justa y eficiente de obras robadas.

Este capítulo busca explorar el caso Gurlitt desde una perspectiva jurídica, examinando no solo la historia y el trasfondo artístico de las obras encontradas sino también el entramado legal que rige la restitu-

---

114 *Vid.*, "El Museo de Arte de Berna acepta la parte legítima de la colección Gurlit", El País, 24 de abril de 2014; "Caso Gurlitt: un enigma alemán", *El País*, 9 de noviembre de 2013.

115 *Vid.*, "¿Dónde están Cornelius Gurlitt y sus cuadros? Un misterio", *El País*, 5 de noviembre de 2013, disponible en https://elpais.com/cultura/2013/11/05/actualidad/1383653216_499267.html.

ción de arte robado. A través de este análisis, al igual que en los anteriores casos, se pretende entender mejor cómo los principios del derecho internacional privado pueden aplicarse en casos que involucran bienes culturales disputados y qué lecciones pueden extraerse para futuras legislaciones y procedimientos internacionales.

El objetivo es proporcionar una mirada exhaustiva que no solo abarque los detalles del caso y sus implicaciones legales, sino que también reflexione sobre las políticas futuras y las prácticas recomendadas para manejar disputas similares en un contexto global. Al hacerlo, contribuirá al diálogo continuo sobre cómo la comunidad internacional debe abordar el legado problemático del arte expropiado y las responsabilidades compartidas en su restitución.

La colección Gurlitt se encuentra en el epicentro de una confluencia histórica marcada por la opresión, la guerra y el desplazamiento cultural. Durante el régimen nazi en Alemania (1933-1945), la persecución sistemática de los judíos y otros grupos considerados indeseables llevó a la expropiación masiva de propiedades, incluidas obras de arte. Las políticas culturales del régimen se enfocaron en purgar lo que denominaban "arte degenerado", término utilizado para describir las obras modernistas, muchas de las cuales fueron confiscadas de museos o robadas directamente a sus propietarios judíos. El término 'arte degenerado' encapsula la virulenta oposición del régimen nazi hacia formas de arte que desviaban de los ideales clásicos y nacionalistas promovidos por Hitler y sus seguidores. En el corazón de esta categorización estaban obras que exhibían influencias de movimientos como el Dadaísmo, el Futurismo, el

Surrealismo y especialmente el Expresionismo, cuya estética era vista como distorsionada y moralmente decadente. Los nazis argumentaban que estos estilos artísticos eran el resultado de influencias 'degenerativas', incluyendo la enfermedad mental, el bolchevismo y, más predominantemente, las influencias judías en la cultura.

La campaña contra el "arte degenerado" fue más allá de la mera censura o crítica; se institucionalizó a través de leyes y políticas específicas que sistematizaron la incautación de tales obras. La exposición de 1937 en Múnich, mencionada anteriormente, no solo presentó las obras de manera denigrante, sino que también fue acompañada de textos explicativos que ridiculizaban a los artistas y sus técnicas, intentando convencer al público alemán de la 'perversidad' de las tendencias modernas en el arte. Esta exposición itinerante atrajo a millones de visitantes, reflejando el éxito propagandístico del régimen en desacreditar estas formas artísticas.

Además, la represión extendida hacia el 'arte degenerado' también incluyó la prohibición de que artistas concretos trabajaran, expusieran o vendieran su arte. Escuelas de arte vanguardistas como la Bauhaus fueron cerradas, y muchas obras fueron vendidas a precios de saldo en el extranjero, destruidas o incluso quemadas en actos públicos. Algunos artistas, como Marc Chagall y Paul Klee, optaron por el exilio ante la imposibilidad de ejercer su profesión en un ambiente tan hostil. Este sistemático saqueo y destrucción del arte moderno no solo buscaba purgar la cultura alemana de elementos 'no deseados' sino que también sirvió para financiar parte del esfuerzo bélico nazi a través de la venta de obras confiscadas en el mercado internacional. Hildebrand Gurlitt, padre de Cornelius Gurlitt y uno de los cuatro comerciantes de arte autorizados por el régimen nazi, jugó un papel crucial en estas transacciones, adquiriendo una gran cantidad de arte bajo circunstancias cuestionables.

La colección incluye obras de algunos de los más renombrados artistas del siglo XX, tales como Pablo Picasso, Marc Chagall, Henri Matisse, y Otto Dix. Estos artistas representaban movimientos que el régimen nazi despreciaba, como el Expresionismo, el Surrealismo, y la Nueva Objetividad. El arte de estos movimientos era a menudo visto como provocador, psicológicamente profundo y crítico con las normas sociales y políticas vigentes, razón por la cual fue perseguido y etiquetado como "degenerado".

El Expresionismo, surgido a principios del siglo XX, principalmente en Alemania, es un movimiento artístico que se caracteriza por su enfoque en la expresión emocional intensa y la visión subjetiva de la realidad, contrastando con las representaciones realistas y convencionales que predominaban en el arte de la época. Este movimiento se manifiesta a través de diversas disciplinas, incluyendo pintura, literatura, teatro, cine y música, y es especialmente conocido por su impacto en las artes visuales.

Los expresionistas buscaban transmitir estados emocionales y psicológicos más que representar la realidad externa de manera objetiva. Esta intención se refleja en el uso de colores vivos, formas distorsionadas y trazos gruesos y dinámicos que parecen cargar cada obra con emociones intensas y a menudo tumultuosas. El arte expresionista frecuentemente aborda temas de soledad, alienación, opresión y la agitación interna del ser humano, reflejando una respuesta crítica a los cambios sociales, políticos y culturales de su tiempo.

Uno de los grupos más influyentes dentro del movimiento fue Die Brücke (El Puente), fundado en 1905 en Dresde. Este grupo estaba compuesto por artistas como Ernst Ludwig Kirchner, Erich Heckel, y Karl Schmidt-Rottluff, quienes propugnaban por un arte que sirviera como un puente hacia futuras innovaciones y expresiones culturales. Los miembros de Die Brücke utilizaban colores llamativos y formas exageradas para explorar las tensiones y ansiedades de la vida moderna, así como temas de la naturaleza y la sexualidad humana, buscando una renovación artística a través de la ruptura con las convenciones académicas.

En paralelo, otro grupo importante del Expresionismo fue Der Blaue Reiter (El Jinete Azul), fundado en Múnich en 1911 por Wassily Kandinsky y Franz Marc. Este grupo se centró menos en la representación social y más en la abstracción y la simbología, con un fuerte interés en la espiritualidad. Kandinsky, en particular, es conocido por su teoría del arte espiritual que describe en su libro "De lo espiritual en el arte", donde argumenta que el arte debe trascender la representación del mundo exterior para reflejar las emociones profundas y las fuerzas espirituales interiores.

El Expresionismo no se limitó a Alemania; influenció y fue influenciado por artistas en otros países europeos y más allá. En Austria, Egon Schiele y Oskar Kokoschka desarrollaron estilos altamente personales que exploraron la condición humana con un enfoque crudo y emocional. Sus obras a menudo presentan figuras humanas en poses angulares y expresiones exageradas que comunican emociones intensas y a veces perturbadoras.

El impacto del Expresionismo también se extendió al cine, especialmente en Alemania, donde películas como "El Gabinete del Dr. Caligari" de Robert Wiene y "Nosferatu" de F.W. Murnau utilizan visuales distorsionados y atmósferas surrealistas para explorar temas de terror, locura y lo sobrenatural, influyendo profundamente en el desarrollo del cine de terror y el cine negro.

Después de la Primera Guerra Mundial, el Expresionismo continuó evolucionando y diversificándose, influenciando a otras vanguardias y manteniendo su relevancia a lo largo del siglo XX y hasta la actualidad. Aunque el movimiento se vio afectado por el ascenso del régimen nazi, que lo condenó como "arte degenerado", su legado persiste, y su influencia puede verse en numerosas formas de arte contemporáneo que valoran la expresión emocional y la visión personal sobre la representación literal de la realidad.

El Cubismo, considerado uno de los movimientos artísticos más revolucionarios del siglo XX, emergió en la primera década del siglo en Francia y se atribuye principalmente a las innovaciones de Pablo Picasso y Georges Braque. Este movimiento transformó radicalmente las convenciones de la representación pictórica, desafiando las formas tradicionales del arte y abriendo camino a la exploración abstracta.

El Cubismo se caracteriza por la fragmentación de objetos y figuras en formas geométricas y la representación de múltiples puntos de vista simultáneamente dentro de una misma composición. Esta técnica buscaba captar la esencia de los objetos más allá de su apariencia superficial desde una sola perspectiva, ofreciendo una visión más completa y compuesta que reflejaba la complejidad del mundo moderno.

El movimiento cubista se divide generalmente en dos fases: el Cubismo Analítico y el Cubismo Sintético. El Cubismo Analítico (1907-1912) marca la primera etapa del movimiento, durante la cual Picasso y Braque experimentaron con la reducción de colores y la descomposición de formas en figuras geométricas y planos entrecruzados. Durante esta fase, las obras se caracterizaban por una paleta de colores bastante restringida, dominada por grises, marrones y verdes opacos, lo que permitía a los artistas concentrarse más en las formas y la estructura.

Por otro lado, el Cubismo Sintético (a partir de 1912) introdujo el uso de colores más brillantes y la incorporación de diferentes materiales a través del collage. Esta fase marcó un alejamiento del análisis riguroso de las formas hacia una construcción más libre y menos literal de los objetos, utilizando papeles pintados, periódicos y otros materiales no tradicionales en sus composiciones. Esta innovación no solo alteró la textura visual de las obras, sino que también desafiaba las nociones tradicionales de qué materiales eran dignos de ser incluidos en el arte.

El Cubismo tuvo un impacto profundo no solo en la pintura, sino también en la escultura y la arquitectura, influenciando a una amplia gama de artistas y movimientos posteriores como el Futurismo, el Constructivismo y el Dadaísmo. Además, el interés del Cubismo por la estructura y la forma se extendió más allá de las artes visuales para influir en la literatura y el diseño, promoviendo una exploración más abstracta y conceptual en diversas disciplinas creativas.

El enfoque cubista en la descomposición y reorganización de la realidad en formas abstractas abrió las puertas a una exploración más profunda de la perspectiva y la percepción, cuestionando la relación entre la representación artística y la realidad. Este enfoque no solo expandió las posibilidades del arte moderno, sino que también ofreció nuevas formas de ver y entender el mundo en una era marcada por rápidos cambios y por una creciente complejidad en la vida cotidiana y en las relaciones humanas.

A pesar de su influencia, el Cubismo no estuvo exento de críticas y controversias. En su momento, muchas personas encontraron las obras cubistas difíciles de entender y aceptar, ya que rompían radicalmente con las representaciones realistas a las que estaban acostumbradas. Sin embargo, con el tiempo, el Cubismo ha sido reconocido como uno de los pilares fundamentales del arte moderno, celebrado por su audacia innovadora y su capacidad para reinterpretar la realidad de manera que resonó con los desafíos intelectuales y visuales de su tiempo.

La Nueva Objetividad (Neue Sachlichkeit) es un movimiento artístico que surgió en Alemania en la década de 1920, como una respuesta directa a las experiencias de la Primera Guerra Mundial y como una reacción al Expresionismo alemán. A diferencia del Expresionismo, caracterizado por su enfoque en la subjetividad emocional y la representación distorsionada, la Nueva Objetividad promovió una vuelta al realismo práctico y una representación sin adornos de la realidad contemporánea.

El término "Nueva Objetividad" fue acuñado por el crítico de arte y comisario Gustav Friedrich Hartlaub en 1925, como título de una exposición en Mannheim. El movimiento se dividía en dos direcciones principales: una orientada a lo verista, que se enfocaba en la descripción cruda y a menudo crítica de la realidad; y otra más clásica, que ofrecía una vuelta al orden y la estructura, presentando imágenes de calma, claridad y eternidad.

Otto Dix y George Grosz son dos de los artistas más destacados asociados con la Nueva Objetividad. Dix, conocido por sus crudos retratos y escenas de guerra, utilizó su arte como un medio para criticar la sociedad y la brutalidad del conflicto bélico. Sus obras, como "Der Krieg" (La Guerra), son ejemplos desgarradores de su estilo detallado y su enfoque implacable en la realidad.

George Grosz, por su parte, criticó la corrupción política y la decadencia moral de la República de Weimar a través de sus dibujos y pinturas satíricas. Sus representaciones de figuras corruptas, como en "Eclipse of the Sun" (Eclipse del Sol), ofrecen una visión cáustica de los líderes políticos y económicos de su tiempo.

Los artistas de la Nueva Objetividad retrataron la vida urbana, los efectos de la inflación, el desempleo y la pobreza, exponiendo las condiciones sociales y culturales de Alemania durante el periodo de Weimar con una precisión incisiva. Sus obras a menudo incluían retratos, paisajes urbanos y escenas cotidianas que mostraban un escepticismo y desilusión profundos hacia la sociedad contemporánea.

La Nueva Objetividad tuvo un impacto considerable en el arte del siglo XX, especialmente por su influencia en el desarrollo del arte realista y el fotorealismo. Además, proporcionó un medio para que los artistas exploraran y criticaran las realidades sociales y políticas de su tiempo a través de una lente directa y sin concesiones.

La estética y la temática del movimiento también tuvieron un papel importante en la literatura y el cine, influyendo en la cultura popular y los medios de comunicación masivos de la época. La crítica social y la exploración de la condición humana presentes en la Nueva Objetividad resonaron en la cultura alemana durante un período de gran inestabilidad política y social, y continuaron siendo relevantes en las décadas posteriores.

La Nueva Objetividad, al igual que muchos movimientos de vanguardia en Alemania, enfrentó la censura y la represión durante el régimen nazi. Muchas de las obras fueron etiquetadas como "arte degenerado" y fueron prohibidas, mientras que muchos artistas asociados con el movimiento fueron perseguidos o se vieron obligados al exilio.

A pesar de estas adversidades, la Nueva Objetividad dejó un legado duradero, demostrando el poder del arte como una forma de resistencia social y crítica. Este movimiento no solo refleja la historia cultural de Alemania durante un período turbulento, sino que también sirve como un recordatorio de la capacidad del arte para influir y reflejar los cambios sociales y políticos.

El impacto de la Segunda Guerra Mundial y del régimen nazi en el arte europeo fue devastador. No solo se perdieron innumerables obras, sino que el desarrollo artístico fue severamente restringido y dirigido hacia la propaganda estatal. La recuperación de estas obras no solo es un acto de justicia para los artistas y sus herederos sino también una restauración crucial de nuestro patrimonio cultural común. La colección Gurlitt sirve como un recordatorio doloroso pero necesario de cómo el arte puede ser utilizado como herramienta tanto de opresión como de resistencia.

El estudio detallado de las obras de la colección Gurlitt y su contexto histórico-artístico no solo enriquece nuestra comprensión del pasado, sino que también ilumina las discusiones actuales sobre la ética, la propiedad y la restitución en el mundo del arte.

Cornelius Gurlitt nació en 1932 en Hamburgo, Alemania, en el seno de una familia con una rica herencia en el mundo del arte. Desde su infancia, Cornelius fue influenciado profundamente por el ambiente artístico que lo rodeaba, principalmente debido a la profesión de su padre, Hildebrand Gurlitt, un prominente historiador del arte y comerciante. A pesar de la turbulenta época marcada por el régimen nazi durante sus años formativos, Cornelius recibió una educación esmerada, centrada no solo en las artes, sino también en la historia y la literatura, elementos que jugarían un papel crucial en su apreciación y manejo del arte en su vida adulta.

La relación de Cornelius con el arte fue compleja y profundamente personal. Durante su juventud, observó de cerca el trato que su padre tenía con obras de artistas renombrados, así como las complicadas circunstancias de adquisición durante y después de la guerra. Estos primeros contactos con el arte bajo condiciones a menudo cuestionables dejaron una impresión duradera en él, moldeando su perspectiva sobre la propiedad y el valor del arte. Hildebrand Gurlitt, el padre de Cornelius Gurlitt, fue una figura central en la historia de la colección Gurlitt y su conexión con el régimen nazi. Como uno de los pocos comerciantes de arte autorizados por los nazis para manejar lo que ellos consideraban "arte degenerado", Gurlitt desempeñó un papel doblemente contradictorio: por un lado, salvaguardó obras de arte moderno de la destrucción, y por otro, se benefició directamente de las políticas de expropiación y despojo llevadas a cabo por el régimen.

Durante su carrera bajo el régimen nazi, Hildebrand Gurlitt adquirió una vasta cantidad de obras de arte tanto en ventas forzadas como en subastas de arte confiscado. Muchas de estas obras provenían de museos que habían sido forzados a deshacerse de su arte moderno y, más trágicamente, de coleccionistas judíos que habían sido obligados a vender sus colecciones a precios irrisorios o que habían sido despojados de sus bienes como parte de la campaña de "arianización" y la sistemática persecución de los judíos por parte del régimen nazi.

La expropiación de bienes judíos fue una política sistemática del régimen nazi, destinada a despojar a los judíos de todos sus activos, incluidos bienes inmuebles, negocios y obras de arte. Esta práctica no solo facilitaba el financiamiento del Estado nazi sino que también buscaba eliminar la presencia judía en la cultura alemana. Muchas de las obras en la colección Gurlitt tienen historias que se remontan a estas expropiaciones, siendo adquiridas bajo condiciones que hoy en día serían consideradas coactivas e ilegítimas.

Tras el final de la Segunda Guerra Mundial, Hildebrand Gurlitt fue investigado por las autoridades aliadas, pero nunca fue procesado, en parte porque argumentó que él mismo había sido perseguido por los nazis debido a su ascendencia parcialmente judía. Sin embargo, las dudas sobre la procedencia de muchas obras en su colección nunca se disiparon completamente. La falta de documentación clara y la destrucción de registros durante la guerra complicaron aún más los esfuerzos para rastrear el origen exacto de cada pieza.

Aunque Cornelius eligió vivir una vida alejada del escrutinio público, su existencia estuvo íntimamente ligada a su colección. Sin formar una familia propia ni buscar una carrera pública, dedicó gran parte de su tiempo recluido en su apartamento en Múnich al cuidado y mantenimiento de las obras heredadas. Esta dedicación obsesiva se reflejaba en cómo organizaba y preservaba la colección, indicativo de su profundo respeto y complicado legado familiar. Durante décadas, evitó la atención pública y rara vez vendió alguna de las obras, viviendo de manera modesta a pesar del inmenso valor de la colección. Su vida solitaria y su reticencia a interactuar con el mundo exterior contribuyeron a mantener en secreto la existencia de la colección hasta su descubrimiento en 2012.

El enigma de Cornelius Gurlitt no solo radica en la magnitud de su colección, sino también en su reticente vida pública y las contradicciones entre su aislamiento y la importancia cultural de los objetos que guardaba. Su historia personal, marcada por el legado de su padre y los desafíos éticos y legales asociados con la colección, proporciona un contexto esencial para entender la complejidad del caso Gurlitt en su totalidad. Su padre era uno de los pocos comerciantes autorizados para vender arte moderno, que los nazis consideraban "degenerado".

La colección salió a la luz durante una investigación fiscal rutinaria. Esta investigación inicial no fue producto de sospechas relacionadas directamente con el arte, sino más bien debido a un incidente aparentemente menor que atrajo la atención sobre Gurlitt. En 2010, durante un viaje de regreso de Zúrich a Múnich, Cornelius fue detenido en un control de aduanas por llevar consigo una cantidad inusualmente alta de efectivo, algo que levantó sospechas de evasión fiscal. Dada la cantidad de dinero involucrada y la falta de una explicación clara sobre su origen, las autoridades fiscales alemanas iniciaron una investigación más profunda para determinar la posible existencia de activos no declarados.

A lo largo de dos años, los investigadores siguieron un rastro de transacciones financieras y movimientos de dinero que finalmente condujo a una orden de registro de su apartamento en Múnich. El seguimiento de sus actividades bancarias reveló patrones inusuales y esporádicos de grandes depósitos y retiros, que Cornelius no pudo justificar satisfactoriamente. Este comportamiento financiero, combinado con su conocida herencia artística y el enigmático comportamiento personal, planteó suficientes dudas para que las autoridades decidieran investigar más a fondo.

En marzo de 2012, cuando las autoridades finalmente ejecutaron la orden de registro en su residencia, esperaban encontrar quizás evidencia de evasión fiscal o incluso de comercio ilícito de arte, pero no estaban preparadas para descubrir una de las mayores colecciones de arte perdido y saqueado de la época nazi. La vastedad y el valor de las obras encontradas inmediatamente transformaron lo que comenzó como una investigación fiscal rutinaria en un asunto de significativo interés cultural e histórico. Las autoridades alemanas, al investigar a Gurlitt por evasión fiscal, encontraron más de 1,400 obras de arte almacenadas en condiciones inadecuadas en su apartamento. El apartamento de Gurlitt, ubicado en un tranquilo barrio de Múnich, reveló un escenario que poco tenía que ver con un espacio adecuado para albergar una de las colecciones de arte más significativas descubiertas en tiempos recientes. En su interior, las condiciones eran caóticas y desordenadas: obras maestras de la pintura y gráficos valiosos yacían apiladas sin criterio alguno, algunas aún envueltas en periódicos viejos o cubiertas con sábanas finas que poco hacían para protegerlas del polvo y la luz. La ventilación inadecuada y la fluctuación de temperaturas dentro del apartamento habían contribuido al deterioro de varios de los lienzos, con evidentes signos de moho y descoloramiento en algunos bordes.

Además, las obras más sensibles, como las acuarelas y dibujos en papel, mostraban signos de amarillamiento y fragilidad en el papel, producto de la exposición prolongada a un ambiente ácido y húmedo. En ciertos casos, la tinta había comenzado a desvanecerse, y en otros, los papeles estaban doblados o arrugados, lo que evidenciaba un manejo inapropiado y descuidado. La escena era un claro contraste con la naturaleza invaluable de las piezas, que incluían trabajos de artistas como Marc Chagall y Henri Matisse.

La reacción de los expertos y autoridades al ingresar al apartamento fue de conmoción e incredulidad, no solo por la magnitud y valor de la colección, sino también por el nivel de negligencia en su cuidado. Este hallazgo planteaba serias preguntas sobre cómo una colección tan importante había permanecido oculta y mal conservada durante tanto tiempo, especialmente considerando las normas internacionales para el cuidado y conservación de arte valioso. Este descubrimiento fue asombroso no solo por la cantidad y el valor de las obras, sino también por la inclusión de piezas que se creían perdidas o destruidas durante la guerra.

Las investigaciones subsiguientes revelaron la compleja historia de la colección. Muchas obras fueron identificadas como habiendo sido obtenidas bajo coerción o directamente robadas a familias judías durante el régimen nazi. La revelación generó una intensa controversia internacional y un debate sobre la restitución de las obras a los herederos legítimos de los propietarios originales.

Tras el fallecimiento de Cornelius Gurlitt en 2014, dejó su colección al Museo de Bellas Artes de Berna, Suiza, con la condición de que las obras cuya procedencia fuera sospechosa fueran devueltas a sus legítimos propietarios. La aceptación de la colección por parte del Museo de Arte de Berna implicó un meticuloso proceso de revisión de la procedencia de cada obra, en colaboración con expertos y autoridades internacionales. Se estableció un equipo dedicado para este propósito, enfrentando el desafío de evaluar la legitimidad de cientos de piezas bajo el escrutinio público y legal. Este esfuerzo fue vital no solo para la justicia histórica, sino también para la reputación del museo, que se esforzó por manejar la situación con la máxima integridad. El museo también organizó exposiciones y publicaciones para educar al público sobre la historia de la colección y los esfuerzos de restitución, subrayando su compromiso con la transparencia y la responsabilidad cultural.[116]

Este legado ha implicado un complejo proceso de investigación y restitución que continúa hasta hoy, evidenciando los desafíos que enfrentan los museos, los herederos y los gobiernos en el manejo ético del arte con una procedencia disputada.

La historia de la colección Gurlitt subraya la importancia de la transparencia y la diligencia en la documentación de la procedencia de las obras de arte, y destaca el papel crucial que juegan las políticas internacionales de restitución en la corrección de las injusticias históricas.

El descubrimiento de la colección reavivó las cuestiones sobre la responsabilidad legal y ética en la restitución de obras de arte. El caso Gurlitt ha destacado la necesidad de una cooperación internacional más sólida y de sistemas legales que puedan manejar adecuadamente la compleja tarea de devolver obras de arte a sus legítimos propietarios. Las leyes de prescripción, las normativas sobre exportación de arte, y los principios de buena fe en la compra de arte son todos aspectos que han sido examinados a la luz de este caso, subrayando la importancia de una proveniencia clara y una documentación rigurosa en el comercio de arte.

---

116 *Vid.*, "El Museo de Arte de Berna acepta la parte legítima de la colección Gurlitt", El País, 24 de abril de 2014; "Caso Gurlitt: un enigma alemán", El País, 9 de noviembre de 2013.

La colección Gurlitt permanece como un testamento perturbador pero instructivo de un período oscuro en la historia, y cada obra en la colección lleva consigo una historia que habla tanto de sufrimiento como de supervivencia, recordándonos la necesidad de vigilancia y justicia en el manejo del legado cultural mundial.

El descubrimiento fue mantenido en secreto por las autoridades durante varios meses mientras trataban de determinar la procedencia de las obras. La noticia se hizo pública en noviembre de 2013, cuando el seminario alemán *Focus*[117] destapó el descubrimiento causando una explosión mediática. El caso capturó la atención pública mundial no solo por el valor artístico y financiero de la colección, sino también por las historias humanas detrás de las obras robadas y la magnitud del despojo cultural perpetrado por los nazis. El hecho de que muchas de estas obras habían sido dadas por perdidas o destruidas durante la guerra añadió una dimensión adicional de sorpresa y fascinación al caso.

La revelación de la colección planteó inmediatamente preguntas legales y éticas complejas. Además del interés inicial, el caso Gurlitt generó numerosos debates y análisis en programas de televisión, artículos de opinión y paneles de discusión, enfocándose en las responsabilidades morales y legales asociadas con la posesión de arte robado. La historia captó la imaginación del público no solo por su escala, sino también por el misterio que rodeaba a Cornelius Gurlitt y su colección secreta. Este enfoque mediáti-

---

117 *Vid.*, "Víctimas del expolio artístico nazi recuperan sus tesoros", El País, 15 de mayo de 2015.

co ayudó a educar al público sobre la complejidad de la restitución de arte, llevando el tema más allá de los círculos legales y artísticos para convertirlo en una cuestión de conciencia pública. Los documentales y reportajes detallados exploraron las vidas de las víctimas de quienes se había robado el arte, humanizando aún más el debate y enfatizando la necesidad de justicia histórica.[118] La exposición continua del caso en los medios también provocó una movilización de grupos activistas y organizaciones dedicadas a la restitución de arte, quienes utilizaron la atención del caso para presionar por cambios legislativos y mejores prácticas en la gestión de arte robado o saqueado. Conferencias y simposios internacionales fueron organizados para discutir el caso Gurlitt como un estudio de caso, donde expertos en derecho, historia del arte y ética debatieron las implicaciones del caso y su potencial para reformar las políticas de restitución a nivel global. Este ambiente mediático y académico no solo aumentó la presión sobre las instituciones involucradas, sino que también estableció un precedente para cómo tales casos deberían ser manejados en el futuro, resaltando la importancia de la colaboración internacional y la transparencia en la resolución de disputas por arte robado.

La principal preocupación era determinar la procedencia de cada obra de arte y, si era posible, restituirla a los herederos de los propietarios originales, muchos de los cuales habían sido víctimas del Holo-

---

118 *Vid.*,. "¿Dónde están Cornelius Gurlitt y sus cuadros? Un misterio", El País, 5 de noviembre de 2013, disponible en https://elpais.com/cultura/2013/11/05/actualidad/1383653216_499267.html.

causto. Esto subrayó la necesidad de aplicar y, posiblemente, reformar las leyes nacionales e internacionales sobre la restitución de bienes culturales.

Una de las críticas más vehementes respecto al manejo del caso Gurlitt por parte de las autoridades alemanas fue la falta de transparencia y los significativos retrasos en el proceso de investigación y restitución. Durante el período inicial posterior al descubrimiento de la colección, hubo una notable escasez de información pública sobre el estado y la procedencia de las obras. Esto generó frustración y ansiedad entre los posibles herederos y las comunidades afectadas, especialmente aquellas cuyos antepasados habían sido despojados de sus bienes durante el régimen nazi. La demora en la divulgación de detalles y en la toma de decisiones fue vista como una continuación de la injusticia hacia las víctimas del saqueo nazi y sus descendientes.

Organizaciones judías y herederos de las víctimas del Holocausto expresaron su descontento con lo que percibían como una falta de urgencia y compromiso por parte de Alemania para resolver los casos de arte robado. Argumentaron que cada día de retraso complicaba aún más la identificación y localización de los legítimos herederos, muchos de los cuales eran ancianos y deseaban cerrar un capítulo doloroso de sus historias familiares antes de fallecer. Estas críticas subrayaron una demanda más amplia de justicia y reconocimiento que trascendía el mero valor financiero de las obras.

La cobertura mediática del caso Gurlitt fue intensa y, en muchos aspectos, influyó en la dirección y velocidad de la respuesta oficial. Los medios de comunicación desempeñaron un papel crucial en sensibilizar al público general sobre las complejidades del saqueo de arte y la necesidad de políticas de restitución. A medida que la historia capturaba la atención global, aumentaba la presión sobre las autoridades para actuar de manera justa y efectiva, lo que llevó a un mayor escrutinio de las políticas existentes y, en algunos casos, a llamados a su reforma.

Otra área de crítica se centró en los desafíos legales inherentes al caso. Las leyes de prescripción, que en muchos sistemas legales limitan el tiempo durante el cual se puede reclamar una obra de arte robada, fueron un punto de contención particular. Los críticos argumentaron que estas leyes no deberían aplicarse a casos de arte saqueado, especialmente cuando se trata de crímenes cometidos durante el Holocausto. Además, se cuestionó la suficiencia de las herramientas legales y recursos disponibles para manejar adecuadamente la restitución de arte robado a gran escala.

En respuesta a la crítica pública y al debate generado, las autoridades alemanas y otras instituciones comenzaron a revisar sus políticas de restitución. Se han hecho esfuerzos para mejorar la transparencia y la eficiencia del proceso de restitución, incluyendo la creación de bases de datos más accesibles para obras de arte robadas y la simplificación de los procedimientos para reclamar obras. Estos esfuerzos han sido en parte una respuesta directa a las lecciones aprendidas del caso Gurlitt.

El caso Gurlitt pone de relieve una serie de complicaciones y desafíos legales intrincados en el ámbito del derecho internacional privado, especialmente en lo referente a la restitución de obras de arte.

Una de las cuestiones más difíciles en el caso Gurlitt fue establecer la propiedad legítima de las obras. Dado que muchas de las obras habían sido robadas o adquiridas bajo coerción durante el régimen nazi, determinar a quién pertenecían legalmente involucraba un análisis detallado de su procedencia. Este proceso requería a menudo rastrear la historia de la obra a través de varias décadas y jurisdicciones, una tarea complicada por la falta de documentación o la destrucción de registros durante y después de la Segunda Guerra Mundial.

El caso también puso a prueba las leyes de prescripción, que en muchas jurisdicciones limitan el tiempo durante el cual se pueden presentar reclamaciones por bienes robados. Estas leyes, aunque diseñadas para garantizar la seguridad jurídica y evitar litigios interminables, pueden resultar inadecuadas en casos como el Gurlitt, donde los delitos se cometieron en un contexto de genocidio y guerra.

El caso Gurlitt no solo reavivó el debate sobre la restitución del arte robado sino que también puso a prueba la eficacia de varias convenciones internacionales diseñadas para enfrentar estos dilemas. Entre las más influyentes se encuentran la Convención de la UNESCO de 1970 y la Convención de UNIDROIT de 1995, ambas fundamentales en el marco legal para la recuperación de bienes culturales.

La Convención de la UNESCO de 1970 sobre las Medidas que Deben Adoptarse para Prohibir e Impedir la Importación, la Exportación y la Transferencia de Propiedad Ilícitas de Bienes Culturales establece principios clave que los Estados partes deben seguir para prevenir el tráfico ilícito de bienes culturales. A pesar de que esta convención fue adoptada después de la mayoría de las transacciones de Gurlitt, proporciona un marco legal que influye en cómo se gestionan las reclamaciones de restitución en la actualidad.

La Convención de UNIDROIT, por su parte, complementa la convención de la UNESCO al proporcionar un marco más detallado para la restitución de bienes culturales robados o exportados ilícitamente, incluyendo arte saqueado durante conflictos armados. Esta convención destaca la importancia de la cooperación internacional y del establecimiento de procedimientos claros para la devolución de obras de arte a sus legítimos propietarios, lo que es crucial en casos complejos como el de Gurlitt.

Además, las declaraciones internacionales como la Declaración de Washington sobre Arte Confiscado por los Nazis y la Declaración de Terezin han jugado un papel vital al establecer normas no vinculantes que promueven la identificación y restitución de arte confiscado o robado por los nazis. Estas declaraciones han servido como una guía moral y ética para los países y las instituciones involucradas en estos esfuerzos de restitución.

Este enfoque de las convenciones internacionales en el caso Gurlitt no solo resalta su relevancia en el manejo legal de arte saqueado, sino también la necesidad continua de fortalecer la cooperación internacional y mejorar los marcos legales para abordar efectivamente los desafíos de la restitución cultural en un contexto global. La aplicación de estas leyes a obras de arte saqueadas ha sido objeto de debate, con muchos argumentando que deberían hacerse excepciones en casos de despojo sistemático y crímenes contra la humanidad.

Sin embargo, la implementación efectiva de la convención enfrenta desafíos significativos. Uno de los principales obstáculos es la variabilidad en la legislación nacional entre los países firmantes, que puede resultar en diferencias en la aplicación y la eficacia de las medidas de protección y restitución. Además, la falta de recursos y la limitada capacidad de algunas naciones para rastrear y repatriar arte robado pueden obstaculizar los esfuerzos colaborativos. Solo un pequeño número de las obras ha sido definitivamente identificado como robado o expropiado bajo el régimen nazi, lo que resalta la dificultad de aplicar las normas actuales de restitución a casos con tan poca documentación clara[119].

En el acuerdo que se firmó entre el propio Cornelius, el Gobierno Federal alemán y el Gobierno de Baviera se estipulaba la manera en la que se restituirían las obras. Para realizar estas restituciones se realizó una categorización de las obras de arte en tres categorías: Obras de arte no confiscadas, Obras de arte confiscadas y Obras de arte sin origen claro.

Las obras de arte no confiscadas por los nazis se entregaron al Museo de Arte de Berna, convirtiendo al Museo en el responsable único de las obras y haciendo frente de las futuras reclamaciones. Esto se decidió ya que Gurlitt dejó establecido en su testamento que las obras debían permanecer juntas tras su muerte y que debían ser trasladadas a una institución artística en el extranjero.

---

119 *Vid.*, "Solo cinco obras del legado Gurlitt se identifican como fruto del expolio nazi", en *El País,* 14 de enero de 2016.

Las obras confiscadas que han sido objeto de reclamación por propietarios confirmados, permanecerán bajo custodia del Gobierno Federal alemán y se restituirán según lo acordado. Por otro lado, las obras confiscadas que no han sido reclamadas, permanecerán bajo la custodia del Gobierno Federal alemán y se expondrá públicamente en Alemania y se difundirán en la Lost Art Database. En el momento en que estas obras sean reclamadas, se seguirá el proceso de restitución de obras confiscadas, tal como se explicó anteriormente.

De las 1.400 obras, 600 no tenían un origen ilícito, sin embargo, 500 eran de dudosa procedencia y 300 se encontraban pendientes de categorizar. Los solicitantes de restitución de estas obras han tenido que superar obstáculos, además de tener que acreditar la procedencia, se tiene que determinar si existe inmunidad de jurisdicción[120] o la prescripción de los hechos. Una de las primeras obras que se consiguieron restituir fue "Mujer sentada sobre una butaca" pintada por Henri Matisse en 1924[121], que pertenecía al famoso marchante judío Paul Rosenberg, conocido por representar a Pablo Picasso, Braque, Henri Matisse o María Blanchard.

---

120 *Vid.* A. CHECHI, "The Gurlitt Hoard: An Appraisal of the Role of International Law with respect to Nazi-Looted Art", en *The Italian Yearbook of International Law*, 2013, núm. 23, p. 212.

121 *Vid.*, "Víctimas del expolio artístico nazi recuperan sus tesoros", en *El País*, 15 de mayo de 2015.

Mujer sentada sobre una butaca.
1924 por Henri Matisse

Fuente: elpais.com/cultura/2015/05/14/actualidad/1431630958_391039.html

En respuesta a estos desafíos, y a la luz de casos como el de *Gurlitt*, ha habido un impulso creciente para fortalecer las redes de información y cooperación entre los países, mejorando así la capacidad de responder de manera efectiva y oportuna cuando se descubre arte saqueado. La convención ha inspirado además la creación de bases de datos internacionales, como la Base de Datos de Objetos de Arte Robados de INTERPOL, que facilita la identificación y la recuperación de bienes culturales robados al proporcionar un repositorio centralizado de información accesible a nivel global.

El caso *Gurlitt* subrayó la necesidad crítica de actualizar y adaptar continuamente las políticas y herramientas internacionales para enfrentar los desafíos modernos del comercio de arte y el saqueo cultural. Este caso también resalta cómo la vigilancia y la transparencia son esenciales para garantizar que las obras de arte sean devueltas a sus legítimos propietarios y que los infractores sean responsabilizados, reforzando la moral y la ética en el comercio internacional de arte. La cooperación transfronteriza es crucial para resolver casos de arte robado, ya que las obras a menudo cruzan múltiples fronteras y están sujetas a diferentes jurisdicciones y leyes.

El caso *Gurlitt* también generó un amplio debate sobre las obligaciones éticas y legales de los museos, coleccionistas privados y estados en la restitución de obras de arte. Las preguntas sobre cómo manejar las obras de arte con historias de propiedad controvertidas no solo son cuestiones legales sino también éticas. Estos debates han llevado a algunos países e instituciones a revisar y fortalecer sus políticas y prácticas en relación con la restitución del arte robado o saqueado.

La digitalización de registros y la creación de bases de datos accesibles han empezado a jugar un papel fundamental en la resolución de casos como el de *Gurlitt*. Estos recursos tecnológicos mejoran la transparencia y ayudan a rastrear la procedencia de las obras de arte de manera más eficiente, facilitando el proceso de restitución. La tecnología también ha aumentado la presión pública para que las resoluciones sean más transparentes y justas.

VII. El caso de El Retrato de Wally

En el entramado del derecho internacional y la protección de bienes culturales, el caso de "El Retrato de Wally" emerge como un punto de referencia crucial para entender la complejidad y los desafíos asociados a la restitución de arte expoliado. Esta obra de Egon Schiele, notoria por su implicación en un extenso litigio, pone de manifiesto la tensión entre las leyes nacionales e internacionales y el derecho de recuperación de bienes culturales.[122]

"Retrato de Wally", 1912 por Egon Schiele

Fuente: https://www.rtve.es/noticias/20100823/retrato-wally-schiele-se-instala-leopold-museum-viena/349065.shtml

---

122 *Vid.*, "La herida abierta del expolio artístico nazi en Austria", en *ABC*, 21 de marzo de 2015.

"El Retrato de Wally", pintado en 1912, destaca no solo por su valor artístico sino también por la intensa historia personal que encapsula. Walburga "Wally" Neuzil no sólo fue modelo de Schiele, sino también de Klimt (pintor de La Dama de Oro). Sin embargo, su relación con Schiele se intensificó tras conocerse en 1911. Durante los tres años siguientes, Wally no sólo se convirtió en un interés romántico, sino también en una fuente de inspiración y autorreflexión para Schiele, actuando como una auténtica inspiración para su producción. La relación terminó en 1915, cuando Schiele se casó con Edith Harms, que pertenecía a una clase social más alta que Wally. Ese mismo año, Wally se alistó como enfermera militar y fue enviada a Sinj, en el Imperio Austrohúngaro, donde murió en 1917. Incluso sin un matrimonio formal, la relación entre Schiele y Wally está ampliamente documentada en sus obras[123]. Entre varios de sus cuadros, un retrato pintado por Schiele se convirtió en objeto de litigio muchos años después.

"El Retrato de Wally" fue robado durante el régimen nazi, perteneciendo originalmente a Lea Bondi Jaray, una galerista judía que fue forzada a abandonar su propiedad bajo coacción. La obra fue vendida varias veces bajo circunstancias cuestionables antes de terminar en el Museo Leopold de Viena. Su exhibición en el Museo de Arte Moderno de Nueva York en 1997 marcó el inicio de un proceso legal que duraría años, resaltando los conflictos legales y éticos implicados en la restitución de arte expoliado[124].

---

123 *Vid.* K. BRADLEY, "Wally Neuzil: the secret life of Schiele's muse. The secret life of Schiele's muse", 2015. Fuente: BBC.

124 *Vid.*, "19 millones de dólares por el pecado de expolio", en *El Mundo,* 21 de julio de 2010.

Este caso ilustra no solo un litigio singular, sino también el marco más amplio del expolio nazi, período durante el cual se perpetró una de las mayores transferencias forzadas de propiedad cultural en la historia. Las políticas del Tercer Reich llevaron a la confiscación y desplazamiento sistemáticos de innumerables obras de arte, dejando cicatrices profundas en la memoria cultural europea y en las comunidades afectadas.

La resolución de casos como el de "El Retrato de Wally" es vital en el contexto contemporáneo de la restitución de arte. Refleja un cambio gradual hacia el reconocimiento de la necesidad de justicia histórica y restitución para las víctimas del expolio artístico. En este sentido, los debates y resoluciones legales no solo reparan agravios individuales, sino que también actúan como catalizadores para políticas más amplias y efectivas en la protección y devolución del patrimonio cultural.

Sin embargo, la contextualización del problema de la inmunidad del Estado en el préstamo internacional de bienes culturales añade una capa de complejidad adicional. Los estados que prestan obras de arte a instituciones extranjeras a menudo se acogen a la inmunidad de jurisdicción para proteger estos bienes de cualquier reclamación legal durante su estancia en el extranjero. Este principio, destinado a fomentar el intercambio cultural internacional, puede, paradójicamente, obstaculizar los esfuerzos de restitución de obras expoliadas al crear barreras legales significativas que los reclamantes deben superar.

La problemática de "El Retrato de Wally" y casos similares revela la urgencia de equilibrar los intereses culturales y educativos globales con los derechos de las víctimas de expolios. Al avanzar, es crucial que la comunidad internacional desarrolle mecanismos legales y éticos más efectivos para manejar estos dilemas, garantizando que la justicia y la ética prevalezcan en la gestión del patrimonio cultural mundial.

Egon Schiele, una figura prominente en el expresionismo austriaco, es ampliamente reconocido por su enfoque provocativo y emocionalmente cargado hacia el retrato. Wally Neuzil, la mujer retratada, fue mucho más que una modelo para Schiele; fue una figura central en su vida, siendo su amante y una constante fuente de inspiración durante varios años. Esta obra es particularmente notable por su capacidad para transmitir la complejidad emocional y la intensidad de la relación entre el artista y su musa, a través de una paleta de colores y un estilo que rompe con las convenciones de su tiempo, marcando un momento significativo en la historia del arte moderno ("La herida abierta del expolio artístico nazi en Austria").

El robo de "El Retrato de Wally" se inscribe dentro de un contexto histórico más amplio, caracterizado por el sistemático saqueo y expolio de obras de arte durante la ocupación nazi, especialmente en Austria. Lea Bondi Jaray, una respetada galerista judía en Viena, se vio directamente afectada por estas políticas de depredación. En la víspera de la Anexión de Austria por parte de Alemania en 1938, Bondi fue forzada a vender su galería bajo coacción. Además, tuvo que entregar muchas de sus preciadas obras de arte a precios irrisoriamente bajos, siendo "El Retrato de Wally" una de las piezas que cayó en manos de Friedrich Welz, un comerciante de arte y ferviente nazi que luego vendió la obra al Museo Leopold[125].

Este acto de despojo fue emblemático de la estrategia más amplia del régimen nazi, que no solo buscaba despojar a los judíos de su riqueza sino también borrar su legado cultural y memoria histórica. Austria, con su rica herencia artística y su significativa población judía involucrada en el comercio y coleccionismo de arte, sufrió enormemente bajo esta política. Las obras de arte robadas, como "El Retrato de Wally", no solo representaban un valor monetario considerable, sino que también eran símbolos de la cultura y la historia que los nazis intentaban sistemáticamente erradicar.

El caso de "El Retrato de Wally" no solo destaca por su relevancia histórica y cultural, sino también por su impacto en el derecho internacional y la legislación sobre bienes culturales robados. Tras ser descubierto en el Museo Leopold de Viena, este cuadro se convirtió en el centro de una larga batalla legal y diplomática que involucró a instituciones y gobiernos de varios países. El litigio culminó con un acuerdo en 2010, donde el Museo Leopold accedió a pagar 19 millones de dólares a los herederos de Lea Bondi Jaray, reconociendo así la procedencia ilícita de la obra y estableciendo un precedente importante en la lucha por la restitución de arte expoliado.

Este caso subraya la importancia creciente de la restitución de arte en el contexto contemporáneo, donde la devolución de obras de arte robadas se ha

---

125 *Vid.*, "Un museo austríaco paga 19 millones de dólares por un Schiele robado por los nazis", en *RTVE*, 21 de julio de 2010.

convertido en una cuestión de justicia histórica y reparación moral. A través de estos esfuerzos, se busca no solo retornar los bienes a sus legítimos dueños o sus descendientes, sino también reparar, en la medida de lo posible, las heridas dejadas por conflictos y atrocidades pasadas. La restitución de arte no es simplemente un asunto legal o financiero, sino profundamente humano y cultural, resonando con debates más amplios sobre memoria, identidad y la capacidad del arte para sanar sociedades fracturadas.

El problema de la inmunidad del Estado en el préstamo internacional de bienes culturales se presenta como un desafío complejo en este entorno. La inmunidad, destinada a proteger las obras de arte de embargos y reclamaciones mientras están en préstamo, a menudo entra en conflicto con los esfuerzos de restitución. Aunque esta protección es esencial para facilitar el intercambio cultural y educativo a través de exposiciones internacionales, también puede ser vista como un obstáculo para la justicia. Este dilema resalta la necesidad de un equilibrio cuidadoso entre fomentar el acceso global al arte y respetar los derechos de aquellos que han sido históricamente victimizados por robos de arte a gran escala. La evolución de la legislación y las normativas internacionales continuará siendo crucial en la resolución de estos conflictos, asegurando que el arte pueda servir tanto como puente entre culturas como símbolo de justicia y reparación.

El descubrimiento del cuadro "El Retrato de Wally" en Nueva York marcó el inicio de una intensa y prolongada batalla legal que capturó la atención del mundo del arte y del derecho internacional. El lienzo fue descubierto en 1997 cuando el Museo de

Arte Moderno de Nueva York (MoMA) organizó una exposición titulada "Egon Schiele: The Leopold Collection", que incluía obras prestadas por el Museo Leopold de Viena. Esta exposición pretendía celebrar la obra del expresionista austriaco, pero se convirtió en el epicentro de una controversia legal y ética cuando los herederos de Lea Bondi Jaray reconocieron la pintura y presentaron una reclamación formal para su recuperación.

El proceso legal en Estados Unidos se inició bajo las complejas disposiciones de la Ley de Inmunidades Soberanas Extranjeras (FSIA), que normalmente protege a los bienes culturales de embargos mientras están en préstamo para exposiciones públicas. Sin embargo, la excepción de "expropiación" en la FSIA permite reclamaciones sobre propiedades tomadas en violación del derecho internacional, que incluyen arte robado por los nazis. La demanda fue presentada en un tribunal federal en Nueva York, que tuvo que considerar no solo los detalles del caso específico de "El Retrato de Wally", sino también las implicaciones más amplias del derecho internacional y las políticas de restitución de arte.

Los argumentos de los herederos de Lea Bondi Jaray se centraron en la ilegitimidad de la posesión del cuadro por parte del Museo Leopold, argumentando que había sido adquirido de manera ilícita y que el museo estaba plenamente consciente de su origen problemático. Por otro lado, el Museo Leopold y el gobierno austriaco defendieron su derecho de propiedad sobre el cuadro, argumentando que no había evidencia concluyente que demostrara que la adquisición había sido ilegal y que el cuadro había sido comprado de buena fe.

Según la legislación de inmunidad, específicamente el 22 U.S. Code § 2459[126], las obras de arte importadas para exposición están protegidas contra la incautación. Sin embargo, esta protección no se extiende a objetos robados, lo que jugó un papel fundamental en este caso, pues permitió que la reclamación de los herederos procediera a pesar de la ley de inmunidad.

La batalla legal se complicó aún más por la intervención del gobierno estadounidense, que en ciertos

---

126 22 U.S. Code § 2459 — Immunity From Seizure Under Judicial Process Of Cultural Objects Imported for Temporary Exhibition or Display-, cuyo apartado (A) establece: "Agreements; Presidential Determination; Publication in Federal Register. Whenever any work of art or other object of cultural significance is imported into the United States from any foreign country, pursuant to an agreement entered into between the foreign owner or custodian thereof and the United States or one or more cultural or educational institutions within the United States providing for the temporary exhibition or display thereof within the United States at any cultural exhibition, assembly, activity, or festival administered, operated, or sponsored, without profit, by any such cultural or educational institution, no court of the United States, any State, the District of Columbia, or any territory or possession of the United States may issue or enforce any judicial process, or enter any judgment, decree, or order, for the purpose or having the effect of depriving such institution, or any carrier engaged in transporting such work or object within the United States, of custody or control of such object if before the importation of such object the President or his designee has determined that such object is of cultural significance and that the temporary exhibition or display thereof within the United States is in the national interest, and a notice to that effect has been published in the Federal Register".

momentos actuó para proteger el cuadro de ser embargado y devuelto inmediatamente a Austria. Esto se debía a la preocupación por mantener buenas relaciones diplomáticas y culturales con Austria, así como por el deseo de respetar los acuerdos internacionales sobre préstamos de arte y las inmunidades asociadas ("La inmunidad del Estado y los bienes culturales").

Después de varios años de litigios y negociaciones, el caso se resolvió en 2010 con un acuerdo que requería que el Museo Leopold pagara a los herederos de Lea Bondi Jaray 19 millones de dólares a cambio de la retención del cuadro en su colección. Este acuerdo no solo puso fin a la disputa legal, sino que también estableció un precedente significativo en el tratamiento de casos de arte robado, destacando la importancia de la due diligence y la transparencia en la adquisición y préstamo de obras de arte ("19 millones de dólares por el pecado de expolio").

El marco jurídico internacional y nacional que regula la restitución de bienes culturales y la inmunidad de los Estados frente a reclamaciones legales es complejo y varía significativamente de un país a otro. En el ámbito internacional, dos convenciones son particularmente relevantes: la Convención de la UNESCO de 1970 sobre las Medidas que Deben Adoptarse para Prohibir e Impedir la Importación, la Exportación y la Transferencia de Propiedad Ilícitas de Bienes Culturales, y la Convención de UNIDROIT de 1995 sobre los Bienes Culturales Robados o Exportados Ilícitamente. Estos tratados internacionales establecen un marco cooperativo para la prevención del tráfico ilícito de bienes culturales y facilitan la restitución de los mismos a sus legítimos propietarios o países de origen.

A nivel nacional, las leyes que regulan la inmunidad de ejecución y jurisdicción varían considerablemente, influidas por las políticas domésticas y las obligaciones internacionales de cada Estado. Por ejemplo, en Estados Unidos, la Ley de Inmunidades Soberanas Extranjeras (FSIA) de 1976 proporciona la base legal para la inmunidad de jurisdicción de los estados extranjeros, pero incluye excepciones que permiten demandas en casos de expropiación de propiedad en violación del derecho internacional y en situaciones donde se ha cometido un acto comercial en Estados Unidos.

Las leyes nacionales como el Arts and Cultural Affairs Law de Nueva York ofrecen protección específica contra el embargo de obras de arte en préstamo para exposiciones, resaltando la importancia de la protección cultural y diplomática en las relaciones internacionales. Estas leyes reflejan un esfuerzo por equilibrar la protección de los bienes culturales con los derechos de los reclamantes de bienes robados o expoliados.

En cuanto a las leyes internacionales aplicables en casos de arte robado, el desafío reside en la aplicación efectiva de los tratados y en la coordinación entre jurisdicciones, lo que a menudo se complica por diferencias en la interpretación legal y la falta de un mecanismo judicial internacional unificado que trate específicamente con arte robado. La Convención de la UNESCO y la Convención de UNIDROIT proporcionan un marco, pero su implementación depende de la legislación y la voluntad política de cada país firmante.

La discusión sobre la inmunidad de los estados y las excepciones relacionadas con bienes culturales destaca una tensión inherente entre la soberanía estatal y los derechos de individuos o entidades privadas. Mientras la inmunidad estatal sirve para proteger los intereses de los Estados en la arena internacional, las excepciones en casos de bienes culturales robados reflejan un reconocimiento creciente de la necesidad de justicia y reparación para las víctimas de expolio, particularmente en el contexto de atrocidades históricas como el régimen nazi ("La herida abierta del expolio artístico nazi en Austria").

La implementación de normas internacionales sobre la restitución de bienes culturales en los sistemas legales nacionales presenta una serie de problemas y desafíos significativos. Aunque las convenciones internacionales como la Convención de la UNESCO de 1970 y la Convención de UNIDROIT de 1995 establecen marcos para la cooperación y la restitución de bienes culturales, su aplicación práctica en el ámbito nacional puede ser problemática debido a varias barreras jurídicas y políticas.

Uno de los principales problemas es la disparidad entre las leyes nacionales y los compromisos internacionales. Mientras que las convenciones internacionales buscan establecer estándares uniformes, los sistemas legales nacionales tienen sus propias legislaciones que a veces son incompatibles con estos estándares. Por ejemplo, algunos países pueden no reconocer ciertas disposiciones de las convenciones internacionales o pueden tener requisitos procesales que dificultan la implementación efectiva de medidas para recuperar bienes culturales robados o ilegalmente exportados.

Además, la falta de mecanismos de ejecución efectivos es otra barrera significativa. Incluso cuando las normas internacionales son incorporadas en la legislación nacional, puede haber una falta de mecanismos claros y eficaces para su ejecución. Esto se debe a menudo a la falta de recursos, la falta de capacitación especializada entre las autoridades judiciales y policiales, y a veces una falta de voluntad política para priorizar la restitución de bienes culturales sobre otros intereses nacionales o diplomáticos.

Las barreras específicas frente a la recuperación efectiva de bienes culturales debido a la inmunidad estatal son particularmente desafiantes. La inmunidad estatal, que protege a los estados de la jurisdicción de los tribunales extranjeros en muchos aspectos, puede ser invocada para evitar la restitución de bienes culturales. En muchos casos, las obras de arte y otros objetos culturales que han sido robados y se encuentran en museos o colecciones estatales extranjeras están protegidos por la inmunidad de ejecución, lo que significa que no pueden ser embargados o requisados por orden judicial en otro país.

Esto plantea un conflicto directo entre la protección de la soberanía estatal y la necesidad de hacer justicia en casos de expolio cultural. Incluso en situaciones donde ha habido un reconocimiento internacional de la ilegalidad de la adquisición original de los bienes culturales, la inmunidad estatal puede impedir que los reclamantes recuperen efectivamente sus propiedades. Los esfuerzos para resolver estos conflictos a través de la diplomacia o acuerdos bilaterales a menudo se ven obstaculizados por consideraciones políticas y la resistencia de los estados a renunciar a objetos de gran valor cultural o histórico.

El acuerdo final que resolvió la disputa por la pintura "Retrato de Wally" de Egon Schiele, alcanzado en 2010 después de una prolongada batalla legal, marcó un hito significativo en la historia de la restitución del arte robado durante conflictos y ocupaciones, particularmente por los nazis durante la Segunda Guerra Mundial. La disputa se centró alrededor de esta obra que había sido incautada injustamente a Lea Bondi Jaray, una marchante de arte judía que fue forzada a vender su galería y sus posesiones bajo la presión del régimen nazi. La Fundación Leopold, que había adquirido y expuesto la obra, accedió a pagar 19 millones de dólares a los herederos de Bondi Jaray para solucionar el litigio y devolver el cuadro a sus legítimos dueños.

El caso "Estados Unidos contra Retrato de Wally" estableció que las obras consideradas saqueadas por los nazis no se limitaban a las obtenidas mediante violencia explícita. Se comprendió así que el "robo de obras de arte" no sólo tenía que ver con la violencia, sino también con graves amenazas y presiones psicológicas. Al fin y al cabo, ¿qué amenazaba más a Lea Bondi: perder un cuadro valioso o correr el riesgo de no poder escapar del Holocausto?

Desde una perspectiva financiera, la cantidad acordada subraya el enorme valor monetario que el arte puede alcanzar, especialmente obras de maestros como Schiele, cuyo trabajo ha sido altamente cotizado en el mercado del arte internacional. Sin embargo, el aspecto financiero es pálido en comparación con las profundas implicaciones morales y éticas del acuerdo. Este no sólo enfatizó la obligación moral de las instituciones que se benefician de colecciones que incluyen obras robadas o adquiridas bajo circunstancias éticamente dudosas, sino que también destacó la importancia de la justicia y la reparación para las víctimas de robos de arte y sus descendientes.

El acuerdo alcanzado en el caso de "El Retrato de Wally" no solo resolvió un litigio prolongado, sino que también marcó un hito en la esfera de la justicia emocional y psicológica para los herederos de Lea Bondi Jaray. Este desenlace no fue solo una victoria legal o financiera, sino una profunda reivindicación de los derechos morales y una validación de las experiencias vividas por las familias afectadas por el expolio nazi. La restitución de una obra de arte robada, más allá de su valor monetario, lleva consigo un potente simbolismo de justicia y reparación, ofreciendo a las víctimas y sus descendientes un sentido de cierre y resolución que había sido esquivo durante décadas.

La carga psicológica que enfrentan los herederos en estos casos es inmensa y a menudo subestimada. La lucha por la recuperación de bienes culturales puede ser un proceso emocionalmente agotador, cargado de desafíos legales y burocráticos que requieren una resiliencia excepcional. Además, el acto de reclamar una obra de arte robada implica no solo recuperar un objeto de valor sino también reivindicar una parte perdida de la historia familiar y cultural. Para muchos herederos, como los de Lea Bondi Jaray, el proceso de litigio y eventual restitución actúa como un medio de reconstrucción de la identidad y reafirmación de la historia familiar, que fue brutalmente interrumpida por actos de injusticia histórica.

La restitución también ofrece una oportunidad para el reconocimiento público y la validación de las injusticias sufridas, lo cual es un componente crucial para la curación psicológica. El reconocimiento formal y la compensación simbólica por los sufrimientos soportados pueden ayudar a mitigar el trauma transgeneracional que muchas familias continúan experimentando. En este sentido, el acuerdo no solo cerró un capítulo legal, sino que también contribuyó a un proceso más amplio de curación y reconciliación para los involucrados.

Asimismo, estos casos de restitución ponen de manifiesto la importancia del arte como un vehículo para la memoria y el duelo. Obras como "El Retrato de Wally" son más que meros objetos estéticos; son portadores de historias personales y colectivas, imbuidos de significados y emociones profundas. La devolución de tales obras no solo restituye un bien material sino que también restablece un enlace vital con el pasado, permitiendo a las comunidades y a los individuos enfrentar y procesar sus historias de pérdida y resistencia.

Por lo tanto, mientras el aspecto financiero del acuerdo en el caso de "El Retrato de Wally" subraya la importancia monetaria de las obras de arte en el mercado internacional, las implicaciones emocionales y psicológicas del acuerdo reafirman el valor incalculable del arte en la construcción y reconstrucción de la identidad cultural y personal. Este caso no solo representa un hito legal, sino también un momento significativo en la historia de la restitución del arte, donde la justicia emocional y psicológica juega un papel tan crucial como la justicia financiera y legal.

El acuerdo tuvo consecuencias significativas más allá del caso individual. Actuó como un fuerte precedente legal y moral, subrayando la responsabilidad de los museos y coleccionistas en la gestión de arte robado. Al establecer un claro precedente sobre la seriedad con que se tratan estos casos en los tribunales y en la opinión pública, el acuerdo envió un mensaje inequívoco a otras instituciones y coleccionistas privados sobre la importancia de revisar la procedencia de las obras en sus colecciones.

La restitución de "Retrato de Wally" también es emblemática de los desafíos y complicaciones que enfrentan las víctimas de robo de arte y sus herederos. A menudo, estos casos implican negociaciones legales complejas y prolongadas, y no siempre terminan con una resolución favorable para los reclamantes. Además, la naturaleza internacional del mercado del arte y la dispersión de obras robadas a través de fronteras y generaciones complica aún más los esfuerzos de recuperación.

Este caso específico también destaca la importancia de la transparencia y el rigor en la documentación de la procedencia de las obras de arte. A medida que las historias de obras de arte robadas o adquiridas de manera cuestionable salen a la luz, las instituciones se ven presionadas no solo legal sino también moralmente para investigar el origen de las obras de arte en sus colecciones y tomar medidas correctivas cuando sea necesario. Esto incluye, pero no se limita a, la devolución de obras robadas a sus propietarios legítimos o la compensación a las víctimas o sus herederos.

Además, el caso subraya la creciente tendencia hacia la cooperación internacional en la lucha contra el tráfico ilícito de bienes culturales y el fortalecimiento de la legislación que protege el patrimonio cultural. Las convenciones internacionales, como la Convención de la UNESCO de 1970 y la Convención de UNIDROIT de 1995, desempeñan un papel crucial en estos esfuerzos, proporcionando un marco para la cooperación y la acción legal transfronteriza.

En conclusión, el caso del "Retrato de Wally" no solo destaca la complejidad de los problemas legales asociados con el arte robado y expoliado durante regímenes opresivos, sino que también subraya la importancia crítica de la justicia y la ética en la restitución de arte. Este caso, así como otros similares, revela la intrincada interacción entre leyes nacionales e internacionales que gobiernan la protección y restitución de bienes culturales, enfatizando la necesidad de un marco legal coherente y efectivo que pueda manejar las complejidades del arte robado globalmente.

La restitución del "Retrato de Wally" a los herederos de Lea Bondi Jaray después de un extenso litigio no solo fue una victoria legal, sino también un profundo acto de justicia moral. El acuerdo financiero involucrado subraya la considerable importancia monetaria de tales obras, pero más significativamente, refuerza el principio de que la justicia puede prevalecer incluso muchas décadas después de los actos iniciales de injusticia.

Este caso ha dejado varias lecciones clave: la primera es la persistencia de los reclamantes que, a través de décadas de disputas legales, nunca renunciaron a su búsqueda de justicia. Esta tenacidad es esencial en casos de arte robado, donde los procesos pueden ser largos y complejos. La segunda lección es la importancia de la transparencia y la due diligence en el manejo de colecciones de arte. Las instituciones que albergan arte y artefactos culturales deben ser meticulosas en la investigación de la procedencia de los objetos que exhiben, asegurando que su adquisición y posesión sean legítimas.

Finalmente, el caso enfatiza la necesidad de una colaboración más fuerte entre países y la armonización de las leyes para facilitar la restitución de bienes culturales de manera justa y eficiente. A medida que el mundo se esfuerza por rectificar los errores del pasado, la cooperación internacional y un compromiso compartido con la justicia en la restitución del arte seguirán siendo fundamentales para avanzar hacia una resolución justa en futuros casos de arte robado.

VIII. El caso de La estatua del guerrero de Morgantina

La Venus de Morgantina, una escultura de inmenso valor histórico y cultural, se ha convertido en un símbolo paradigmático de los desafíos y complicaciones inherentes a la protección y repatriación de bienes culturales en el ámbito del Derecho Internacional Privado. Este artículo examina el intrincado viaje de esta obra desde su sustracción ilegal hasta su eventual retorno a Italia, subrayando los aspectos legales que intervienen en la protección internacional de patrimonios culturales.

La escultura, que data del siglo V a.C., representa no solo un artefacto arqueológico de valor incalculable sino también un testimonio de la rica historia cultural de Sicilia. Originalmente venerada y admirada, la Venus fue objeto de un robo en 1979, evento que marcó el inicio de su odisea a través del mercado negro de artefactos culturales. La estatua fue fragmentada y vendida clandestinamente, evidenciando una práctica desafortunadamente común en la época, donde la falta de regulaciones eficaces permitía que obras de arte robadas terminaran en colecciones privadas y museos alrededor del mundo.

El caso de la Venus de Morgantina es especialmente significativo debido a los esfuerzos legales que involucró su repatriación. Tras décadas de disputas legales y negociaciones diplomáticas, la estatua fue finalmente devuelta a su tierra natal en 2011, un hito que planteó interrogantes sobre la eficacia de las leyes internacionales destinadas a combatir el tráfico ilícito de bienes culturales. Este retorno no solo simbolizó una victoria legal, sino que también resaltó las dificultades persistentes en la gestión y exposición adecuada de artefactos repatriados en sus lugares de origen[127].

Este artículo busca explorar las implicaciones de este caso para el Derecho Internacional Privado, enfocándose en cómo los incidentes de robo y repatriación de bienes culturales pueden influir en la formulación de políticas y la cooperación internacional. A través del análisis del caso de la Venus de Morgantina, se pretende ofrecer una perspectiva sobre los desafíos legales y éticos que enfrentan las naciones al proteger y reclamar su herencia cultural. Esta discusión es fundamental para entender mejor las dinámicas del derecho internacional y su capacidad para responder a los problemas globales relacionados con la protección de los bienes culturales.

La Venus de Morgantina, esculpida en el siglo V a.C., se erige como un destacado ejemplo de la maestría artística de la antigua Sicilia. Con una altura de 2,24 metros, esta estatua es una amalgama de piedra calcárea colorada y mármol para brazos y cabeza, lo que refleja técnicas escultóricas sofisticadas y una rica tradición estética. Su diseño, meticulosamente elaborado desde todos sus ángulos, no solo demuestra el apogeo del arte de la época, sino que también la convierte en un objeto de culto religioso y admiración pública.

---

127 *Vid.*, "La Venus de Morgantina, la diosa olvidada", en *ABC*, 20 de enero de 2014.

La significación de la Venus trasciende su mera estética; es un símbolo de la identidad cultural y religiosa de la región. Representada en la mitología como secuestrada por Hades, la estatua ha jugado un papel crucial en la narrativa mitológica y cultural de Morgantina, siendo un foco central para los rituales y la veneración en la antigüedad. Esta rica historia mitológica y cultural añade capas de significado a la estatua, destacando su importancia no solo como obra de arte, sino como un invaluable artefacto arqueológico y antropológico.

Sin embargo, la trayectoria histórica de la Venus fue interrumpida abruptamente por su robo en 1979. La obra fue sustraída de su lugar de origen en un acto que no solo significó la pérdida de un objeto valioso, sino también un asalto al patrimonio cultural de Sicilia. Su posterior fragmentación y venta en el mercado negro resalta la vulnerabilidad de tales tesoros ante los flujos ilícitos de bienes culturales. Aunque miles acudían a admirarla en el Getty Museum de Los Ángeles, su presencia en el museo fue el resultado de un comercio ilícito que durante años fue casi una práctica habitual con la complicidad de muchos museos, principalmente americanos.

La complejidad de su situación legal y su repatriación reflejan los desafíos que enfrentan las naciones en la recuperación de bienes culturales. Tras intensas presiones y negociaciones, la estatua fue devuelta a Italia en 2011, un evento que marcó un precedente importante en la lucha contra el tráfico ilícito de artefactos culturales y en la reivindicación de los derechos sobre el patrimonio nacional. La Venus de Morgantina no solo regresó a su hogar, sino que también volvió a ocupar un lugar central en el discurso sobre la protección del patrimonio cultural en el contexto global.

El robo de la Venus de Morgantina en 1979 marcó el inicio de una saga turbulenta para esta inestimable obra de arte, que ejemplifica la problemática intersección entre el patrimonio cultural y el mercado ilícito global. Este incidente no fue un caso aislado, sino un reflejo de una práctica más amplia y profundamente enraizada en el comercio ilegal de bienes culturales, que a menudo cuenta con la complicidad de entidades respetadas y supuestamente legítimas.

La estatua fue robada de una excavación en Sicilia, un acto de saqueo que destacó la vulnerabilidad de los sitios arqueológicos a los crímenes de oportunidad y a la falta de seguridad adecuada. Según se informa, para facilitar su transporte y disminuir las posibilidades de detección, la Venus fue desmembrada en tres partes. Este desmantelamiento no solo pone de manifiesto la audacia de los ladrones sino también su desprecio por la integridad cultural y física del artefacto.

Una vez en el mercado negro, la estatua pasó a manos de varios intermediarios antes de llegar al conocido anticuario siciliano Renzo Canavesi y posteriormente a Robin Symes, un prominente comerciante de arte de Londres. Symes, junto con su socio y pareja Christos Michaelides, desempeñó un papel clave en la inserción de la Venus en el circuito de arte internacional, utilizando su empresa de transportes internacionales como fachada para actividades ilícitas. La ruta que siguió la Venus desde su robo hasta su venta final al Getty Museum es un claro ejemplo de cómo los artefactos culturales pueden ser manipulados y comercializados a través de fronteras nacionales e internacionales.

El viaje de la Venus incluyó un traslado clandestino desde Sicilia hasta Suiza, camuflada entre zanahorias en una furgoneta, lo que demuestra la sofisticación y el cinismo de los métodos empleados por los traficantes para evadir la detección. Este proceso no solo ilustra la oscura realidad del tráfico de bienes culturales sino también las fallas en los sistemas de seguridad y legal que permitieron que tales actividades prosperaran durante tanto tiempo.

Finalmente, el destino de la Venus de Morgantina en el mercado ilícito culminó con su adquisición por el Getty Museum en 1987, un acto que, aunque proporcionó a la estatua una plataforma prominente para su exhibición, también levantó cuestiones éticas y legales significativas sobre la responsabilidad de los museos en la adquisición de arte. Este caso subraya la necesidad de un marco legal más estricto y de una cooperación internacional efectiva para combatir el tráfico de bienes culturales y asegurar la protección de nuestro patrimonio global.

El caso de la Venus de Morgantina no solo destaca la travesía física de una obra de arte robada, sino también los desafíos legales internacionales que surgen en el contexto de la restitución de bienes culturales. La dinámica legal subyacente en la repatriación de la Venus ilustra la complejidad de aplicar y armonizar las leyes en un marco internacional donde diferentes jurisdicciones y normativas a menudo colisionan.

La legislación internacional sobre la protección de bienes culturales es un mosaico de tratados, convenciones y leyes nacionales que intentan abordar el problema del tráfico ilícito de artefactos. En el caso de la Venus, el punto de inflexión legal fue la aplicación de la normativa italiana sobre la exportación clandestina de piezas arqueológicas. Italia ha sido pionera en la implementación de leyes estrictas que prohíben la exportación y venta ilegales de artefactos culturales, con la Ley N° 1089 del 1 de junio de 1939 sobre la protección del patrimonio cultural siendo un ejemplo destacado. Esta legislación establece que cualquier artefacto encontrado en el suelo italiano pertenece al Estado, y su exportación sin permiso es un delito.

En el caso específico de la Venus, la repatriación fue facilitada en gran parte por las negociaciones diplomáticas entre Italia y los Estados Unidos, reflejando la creciente colaboración internacional en la lucha contra el tráfico de bienes culturales. La presión ejercida por el gobierno italiano sobre el Getty Museum fue crucial, destacando el papel de las relaciones diplomáticas en la resolución de disputas sobre bienes culturales. Esta interacción subraya la importancia del diálogo y la cooperación entre países para abordar el robo y la repatriación de artefactos, un aspecto fundamental del Derecho Internacional Privado.

La devolución de la Venus también evidencia la influencia de tratados internacionales como la Convención de la UNESCO de 1970, que aunque no se aplicaba retroactivamente al caso de la Venus (robada antes de la ratificación del tratado por parte de Italia y EE. UU.), establece principios importantes que influencian la práctica contemporánea. Este tratado promueve la prevención del tráfico ilícito de bienes culturales y facilita la restitución de los mismos a sus países de origen cuando se demuestra que han sido exportados de manera ilegal.

Finalmente, el retorno de la Venus no solo cerró un capítulo legal, sino que también abrió un debate sobre las condiciones de exhibición y conservación de artefactos repatriados. Las críticas a las condiciones en las que la Venus fue exhibida tras su regreso a Italia resaltan la necesidad de garantizar no solo la repatriación de bienes culturales, sino también su adecuada conservación y exposición, aspectos que también deben ser considerados en las discusiones legales y diplomáticas internacionales. Este caso demuestra cómo el Derecho Internacional Privado debe equilibrar los derechos de recuperación de los estados con la necesidad de preservar y respetar el patrimonio cultural global.

La repatriación de la Venus de Morgantina a Italia en 2011 no solo simbolizó un triunfo de la justicia cultural, sino que también desató una serie de consecuencias tanto para la gestión de bienes culturales repatriados como para la política internacional respecto al tráfico de arte. Este retorno, largamente esperado, subraya la importancia y las complejidades inherentes a la restitución de artefactos y cómo estos eventos repercuten en múltiples esferas.

La estatua fue devuelta a Italia después de un prolongado proceso legal y diplomático, durante el cual el gobierno italiano presionó intensamente para su regreso. La colaboración entre naciones y la aplicación de presión diplomática fueron cruciales para la resolución de este caso, demostrando la efectividad de la cooperación internacional en la recuperación de bienes culturales robados. A pesar de que la estatua había sido adquirida por el Getty Museum de manera que en aquel entonces era legal, el reclamo de Italia basado en su legislación sobre patrimonio cultural, que declara que todos los artefactos descubiertos en su territorio son propiedad estatal, prevaleció.

Sin embargo, la llegada de la Venus a su hogar en Sicilia no fue el final de sus desafíos. A pesar del entusiasmo oficial y la afirmación del entonces ministro de Cultura Giancarlo Galan de que "es nuestra hija", la realidad que enfrentó la estatua en su tierra natal fue menos ideal de lo esperado. Ubicada en el Museo Arqueológico de Aidone, la Venus enfrentó inicialmente una disminución significativa en la atención y visitas, contrastando drásticamente con las filas de personas que antes la admiraban en el Getty Museum. Este fenómeno pone de relieve un problema más amplio que enfrentan muchas obras de arte repatriadas: la falta de infraestructura, recursos y estrategias efectivas para su gestión y exposición en su lugar de origen.

Además, la crítica situación del museo de Aidone, que tardó años en reparar su ascensor y enfrentaba deficiencias en servicios básicos como la telefonía durante las navidades, refleja un problema más grande en la gestión de bienes culturales en Italia. Estos desafíos subrayan la necesidad de un enfoque más robusto y sostenible para la conservación y exhibición de artefactos repatriados, que no solo considere su recuperación, sino también su mantenimiento a largo plazo.

La repatriación de la Venus también ha influido en el debate global sobre la política de bienes culturales, enfatizando la importancia de las leyes internacionales y nacionales en la protección del patrimonio cultural y en la lucha contra su tráfico ilícito. Este caso ha contribuido a un cambio gradual en la percepción y las políticas de museos y coleccionistas, haciéndoles más conscientes de la procedencia de las obras de arte y de la ética de sus adquisiciones.

El regreso de la Venus de Morgantina a Italia es un caso emblemático que ilustra tanto los éxitos como los desafíos continuos asociados con la repatriación de artefactos culturales. Destaca la necesidad de cooperación internacional, estrategias de gestión efectivas y políticas de conservación que aseguren que las joyas de nuestro patrimonio cultural global sean preservadas y valoradas no solo en el presente, sino para las futuras generaciones.

La repatriación de la Venus de Morgantina ha servido no solo como un caso emblemático de recuperación de bienes culturales, sino también como un importante catalizador para el debate y la reforma en el ámbito del Derecho Internacional Privado relacionado con la protección de bienes culturales. Este caso ha puesto de relieve varias implicaciones significativas para la protección de bienes culturales a nivel internacional, influyendo en cómo los países y las instituciones abordan la recuperación y gestión de artefactos históricos.

La repatriación exitosa de la Venus ha subrayado la necesidad de leyes robustas tanto a nivel nacional como internacional. En muchos países, el caso ha impulsado la revisión y fortalecimiento de la legislación existente sobre la protección de bienes culturales, enfocándose en cerrar las lagunas que permiten el tráfico ilícito y la venta de artefactos robados. Además, ha reforzado la importancia de la cooperación internacional para la implementación efectiva de estas leyes, destacando la relevancia de tratados internacionales como la Convención de la UNESCO de 1970, la cual Italia y Estados Unidos eventualmente ratificaron y que desempeña un papel crucial en la protección del patrimonio cultural.

El caso también ha mejorado los procedimientos y protocolos para la repatriación de artefactos. Ha demostrado que la cooperación y el diálogo entre países y entidades privadas pueden resultar en soluciones efectivas que benefician tanto al país de origen como a la institución poseedora. Esto es crucial para establecer un precedente de cómo manejar futuras disputas sobre bienes culturales de manera que se respeten los derechos de todas las partes involucradas y se priorice la integridad del artefacto.

El amplio interés y la cobertura mediática del caso de la Venus han aumentado la conciencia pública e institucional sobre la importancia de la proveniencia de los artefactos en colecciones. Museos y coleccionistas privados están ahora más informados sobre los riesgos legales y éticos asociados con la adquisición de obras sin una proveniencia clara. Esto ha llevado a una revisión más rigurosa de las políticas de adquisición en muchas instituciones, promoviendo prácticas más éticas que antes.

La devolución de la Venus ha fomentado un debate más amplio sobre la ética en la posesión y exhibición de artefactos culturales, especialmente aquellos que son significativos para la identidad cultural de un pueblo o nación. Esto ha impulsado a muchas instituciones a reevaluar no solo la legalidad, sino también la moralidad de retener artefactos culturales que han sido adquiridos bajo circunstancias cuestionables.

Finalmente, la repatriación de la Venus ha revelado los desafíos en la gestión de artefactos una vez que son devueltos. La necesidad de recursos adecuados para su conservación y exposición adecuada es crítica, y ha puesto de relieve la necesidad de que los gobiernos inviertan en infraestructura cultural para asegurar que los bienes repatriados sean preservados y accesibles al público.

IX. El Caso Cassirer[128]

Arte, Derecho y Comercio Internacional pueden resultar *a priori* disciplinas esencialmente opuestas. Mientras que la primera, el Arte, evoca conceptos como creatividad, belleza y emoción; la segunda, el Derecho, despierta sensaciones de rigidez, firmeza y frialdad. No obstante, la realidad es muy diferente, y lo legal convive en el mundo de las musas de manera cotidiana en lo que se conoce como Derecho del arte.

La emoción espiritual que supone el estudio de la esencia íntima del Derecho, inagotable y excelsa

---

128 *Vid.*, en general, A. ORTEGA GIMÉNEZ, *Arte y Derechos Humanos*, Editorial COLEX, S.L., A Coruña (España), 2023; y A. ORTEGA GIMÉNEZ, (Dir.), *Arte, Derecho y Comercio Internacional*, Editorial Thomson Reuters Aranzadi, Cizur Menor (Navarra), 2022; y, en particular, A. ORTEGA GIMÉNEZ, "TRIBUNA: Arte, Derecho y Comercio Internacional. A propósito del litigio sobre el cuadro «Rue ST. Honoré, Aprés midi, effet de pluie», del pintor impresionista francés Camille Pissarro" (artículo de opinión), *IBERLEY. El valor de la confianza*, Editorial COLEX, A Coruña, 6 de febrero de 2024, disponible en: https://www.iberley.es/revista/tribuna-arte-derecho-y-comercio-internacional-proposito-litigio-cuadro-rue-st-honore-apres-midi-effet-pluie-pintor-impresionista-frances-camille-pissarro-923; y, en particular, para comprender el interés jurídico de este caso, resulta imprescindible acudir al trabajo de SUÁREZ-MANSILLA, Marta, "Un nuevo episodio en el caso Cassirer v. Fundación Thyssen-Bornemisza", en *Patrimonio Cultural y Derecho*, N°. 26, Edit. Fundación AENA y Asociación Hispania Nostra, 2022, pp. 369-413.

fuente de vida, y la emoción real del roce con la obra bella, con el Arte mismo. Un Arte que no es cosa usadera, normal y de hora fija. Y el Derecho, que no es, ni más ni menos, que esa fuerza libre "que ayuda al hombre en su camino fatigoso que asciende de la tierra al cielo"[129].

Durante la Segunda Guerra Mundial, la dislocación y el saqueo de obras de arte fue extensivo y sistemático, con numerosas obras maestras desplazadas de sus ubicaciones originales. Este período marcó uno de los mayores desplazamientos de arte en la historia, involucrando a las fuerzas armadas y gobiernos en el robo y la reubicación de miles de piezas por toda Europa.

Naciones involucradas en el conflicto, especialmente Alemania bajo el régimen nazi, implementaron operaciones específicas como el "Sonderauftrag Linz", destinadas a reunir obras de arte para el Führermuseum planeado por Hitler en Linz. Además, muchas piezas de arte fueron robadas como parte de la persecución sistemática de judíos y otros grupos. Este saqueo no solo buscaba despojar a las víctimas de su riqueza y derechos, sino también de su identidad cultural y legado.

Tras la guerra, los esfuerzos de recuperación y restitución de estas obras se convirtieron en una tarea monumental para los países afectados y para organis-

---

129 *Vid.* M. GALLEGO MORELL, "El Derecho y sus relaciones con el Arte", *Boletín de la Facultad de Derecho*, núm. 3, 2ª época, Universidad Nacional de Educación a Distancia (España), Facultad de Derecho, 1993; y A. ORTEGA GIMÉNEZ, (Dir.), *Arte, Derecho y Comercio Internacional*, Editorial Thomson Reuters Aranzadi, Cizur Menor (Navarra), 2022.

mos internacionales como la UNESCO. Se establecieron comisiones especiales para identificar, recuperar y repatriar las obras de arte a sus legítimos propietarios, un proceso que continúa hasta hoy día en algunos casos.

El litigio del caso *Cassirer* frente a la Fundación Thyssen-Bornemisza destaca en un ámbito donde numerosos casos similares han buscado resolver la restitución de bienes culturales robados o ilícitamente expropiados. Comparando este caso con otros litigios notables, se puede observar tanto la consistencia como la discrepancia en las aplicaciones legales y éticas a nivel internacional.

Uno de los casos más comparables es el de Maria Altmann contra el gobierno de Austria por la pintura de Gustav Klimt "Retrato de Adele Bloch-Bauer I". Al igual que en el caso *Cassirer*, la obra fue robada por los nazis. La batalla legal, que culminó en una decisión de la Corte Suprema de los Estados Unidos en 2004, resultó en la restitución de la obra a Altmann, sentando un precedente importante sobre la competencia de los tribunales estadounidenses en casos de restitución internacional.

Otro caso relevante es el caso *Gurlitt* que destaca por su complejidad y trascendencia en el contexto del arte saqueado. Cornelius Gurlitt, hijo de un comerciante de arte durante el régimen nazi, heredó una impresionante colección de arte que incluía numerosas obras de procedencia dudosa. Tras su descubrimiento en 2012, la colección Gurlitt generó un intenso debate sobre la propiedad y restitución de arte saqueado.

Estos casos, junto con el de *Cassirer*, ilustran varios puntos clave:

— **Jurisdicción y Competencia Legal:** La capacidad de los demandantes para buscar justicia en jurisdicciones extranjeras es fundamental, pero a menudo es complicada por las leyes de prescripción y los principios de la ley internacional.

— **Importancia de la Procedencia:** La documentación y verificación de la procedencia de las obras de arte es central en estos litigios, destacando la necesidad de transparencia y diligencia en el mercado del arte.

La legislación internacional sobre el arte y los bienes culturales ha visto desarrollos significativos en las últimas décadas, especialmente en respuesta a la creciente preocupación por el saqueo y el comercio ilícito de arte. Estos cambios legislativos buscan no solo recuperar y repatriar obras de arte robadas, sino también prevenir futuras injusticias al establecer normativas más estrictas y procedimientos de diligencia debida más rigurosos para las transacciones de arte.

La Convención de la UNESCO de 1970 sobre los Medios de Prohibir e Impedir la Importación, la Exportación y la Transferencia de Propiedad Ilícita de Bienes Culturales ha sido una piedra angular en este ámbito. Esta convención, ratificada por numerosos países, establece un marco legal para que los estados miembros prevengan la exportación y la importación de bienes culturales obtenidos ilícitamente. Recientemente, esta normativa se ha fortalecido mediante acuerdos adicionales y la cooperación más estrecha entre países y organizaciones internacionales como INTERPOL, que facilita la recuperación y la repatriación de bienes culturales.

Además, la creciente prevalencia de conflictos en regiones ricas en patrimonio cultural ha impulsado la adopción del Protocolo de la Haya de 1954, y su Convención de 1999, que protege los bienes culturales en caso de conflicto armado. Estos tratados han sido fundamentales durante las recientes crisis en Oriente Medio y África del Norte, donde los saqueos han sido rampantes.

En la esfera nacional, muchos países han revisado sus legislaciones para adaptarlas a estos estándares internacionales, implementando leyes que imponen restricciones más severas sobre la importación y exportación de bienes culturales y aumentando las penas por violaciones. Por ejemplo, los Estados Unidos y varios países europeos han introducido legislaciones que requieren una documentación más exhaustiva de la procedencia para la importación de artefactos antiguos y obras de arte.

Este conjunto de cambios legislativos no solo refleja una evolución en la manera de tratar el arte y los bienes culturales a nivel global, sino que también muestra un compromiso renovado hacia la protección del patrimonio cultural como un aspecto vital de la identidad y la historia humanas. A medida que el comercio de arte se globaliza aún más, la necesidad de una legislación sólida y una cooperación internacional eficaz nunca ha sido más crítica. El análisis de estos casos no solo subraya las complejidades inherentes a la restitución de bienes culturales sino también la evolución de las normativas y enfoques hacia una mayor justicia y equidad. A medida que el derecho internacional continúa desarrollándose en respuesta a estos desafíos, los casos como Cassirer proveen valiosas lecciones y precedentes que pueden influir en futuras disputas y en la formación de políticas más robustas para la protección del patrimonio cultural.

El litigio del caso *Cassirer*, por ejemplo, refleja las complejidades y desafíos persistentes en la restitución de arte robado, resaltando la necesidad de políticas y leyes que protejan el patrimonio cultural y aseguren la justicia para las víctimas de saqueos.

Estudiar Derecho y Arte es atacar desde dos lados diversos el mismo problema, bajo el perfil de la función y la estructura. «El Arte, como el Derecho, sirven para ordenar el mundo. El Derecho, como el Arte, tiende un puente desde el pasado al futuro». Eterna hermosura del Derecho que nos arrastra a atacar un problema sin solución, sin principio ni fin, lleno de peligro y dificultades; pero hermoso, en el que juegan y se entrecruzan con raíces profundas, de tierra y vida, los conceptos de lo bello, lo justo, lo verdadero y lo bueno.

Es posible imaginar, pues, que el Derecho tiene su poesía, su belleza, su arte, su lenguaje, y que el Arte o la poesía tiene su Derecho, su justicia, su orden, su ley.

Derecho y Arte ordenan el mundo; pero no sólo lo ordenan, sino lo enriquecen. El poeta que canta la naturaleza o el artista que crea su obra no hace sino ejecutar con sus leyes ese enriquecimiento. Así también el legislador que ordena o el magistrado que juzga enriquecen al mundo de bien, de justicia, de verdad.

Por tanto, Derecho y Arte coinciden en ese enriquecimiento humano a través de sus normas buscando Justicia en las relaciones humanas y Belleza como esplendor del orden creado. Y el jurista interpreta el Derecho para ser justo y el artista interpreta su arte para conseguir algo bello. Uno y otro crean Derecho y Arte. Este entrelazamiento se extiende más allá de las fronteras nacionales, destacando la necesidad de una comprensión internacional compartida sobre cómo se manejan los derechos de propiedad y la restitución de bienes culturales en diferentes jurisdicciones legales.

El caso *Cassirer* contra la FCTB pone de relieve los desafíos que enfrentan las partes cuando las obras de arte cruzan fronteras internacionales y se convierten en objeto de litigios transnacionales. Este caso específico ilustra cómo los conflictos de jurisdicción y la determinación de la ley aplicable pueden complicarse por las diferencias en la legislación nacional respecto a la propiedad y la restitución de bienes culturales robados o expropiados ilícitamente. Además, el caso subraya la relevancia de los tratados internacionales como la Convención de la UNESCO de 1970, que intenta establecer un marco común para prevenir la exportación ilegal y la transferencia de propiedad de bienes culturales.

Sin embargo, el cruce de leyes nacionales e internacionales frecuentemente resulta en interpretaciones divergentes y aplicaciones inconsistentes, lo que puede llevar a resoluciones judiciales que satisfacen a una parte mientras dejan a la otra en desventaja significativa. La coexistencia de normativas legales y la necesidad de armonización son cruciales para la protección efectiva y justa del patrimonio cultural en el ámbito global.

Este marco internacional complejo no solo afecta las decisiones legales, sino que también influye en las políticas de los museos, las prácticas de los comerciantes de arte y las estrategias de los coleccionistas, quienes deben navegar cuidadosamente las leyes de múltiples jurisdicciones al adquirir y exhibir obras de arte.

Si algo define al mundo del Arte es su carácter internacional. Por ello, no es raro que en los juicios donde hay obras de por medio, las partes involucradas residan en países diferentes, generando conflictos de jurisdicción y de determinación de la ley aplicable importantes.

El litigio en torno al cuadro "Rue St. Honoré, après midi, effet de pluie" de Camille Pissarro, valorado en 13 millones de euros y actualmente en posesión de la FCTB, es un buen ejemplo de ese trinomio Arte-derecho-Comercio internacional, ya que plantea una serie de preguntas cruciales en el contexto del Derecho internacional privado y de la protección jurídica internacional del patrimonio histórico-artístico y cultural[130].

---

130 No es éste el único caso sobre la materia donde la realidad supera la ficción. *Vid.* A. ORTEGA GIMÉNEZ, "*The Monuments Men* o cómo evitar la destrucción de miles de años de cultura de la humanidad", en A. ORTEGA GIMÉNEZ y L.S. HEREDIA SÁNCHEZ (Dirs.), A. CASTELLANOS CABEZUELO (Coord.), *Arte, Cine, Derecho y Comercio internacional,* Editorial Aranzadi, S.A.U., Cizur Menor (Navarra), 2023, pp. 219-236; o A. ORTEGA GIMÉNEZ, "Derecho internacional privado en estado puro y la reconciliación con el pasado histórico y artístico, a propósito de La Dama de oro", en A. ORTEGA GIMÉNEZ y L.S. HEREDIA SÁNCHEZ (Dirs.), A. CASTELLANOS CABEZUELO (Coord.), *Arte, Cine, Derecho y Comercio internacional,* Editorial Aranzadi, Cizur Menor (Navarra), 2023, pp. 249-272.

Rue Saint-Honoré por la tarde. Efecto de lluvia, 1897 por Camille Pissarro

Fuente: www.museothyssen.org/coleccion/artistas/pissarro-camille/rue-saint-honore-tarde-efecto-lluvia

Hagamos un poco de historia[131]: "Rue St. Honoré, après midi, effet de pluie" fue propiedad de la fami-

131 *Vid.* S. PÉREZ, "David Cassirer apelará la decisión de otorgar al Thyssen un Pissarro robado por los nazis", *Agencia EFE, S.A.*, Madrid, 11 de enero de 2024, disponible en: https://efe.com/cultura/2024-01-11/david-cassirer-apelara-la-decision-de-otorgar-al-thyssen-un-pissarro-robado-por-los-nazis-2.

lia Cassirer desde principios del siglo XX, cuando lo adquirieron a un agente de Pissarro cuando lo adquirieron a un agente de Pissarro. Esta pintura, realizada en 1897, es un ejemplo destacado del estilo impresionista de Pissarro, caracterizado por la captura de la luz y el movimiento a través de pinceladas rápidas y breves. La obra muestra una escena urbana de París, específicamente una vista de la Rue St. Honoré en una tarde lluviosa. La elección de escenas urbanas fue común en la obra de Pissarro en ese período, reflejando su interés en la vida moderna y el dinamismo de la ciudad.

Camille Pissarro, nacido en las Antillas Danesas, se trasladó a París donde se convirtió en una figura central del movimiento impresionista, siendo mentor de muchos otros artistas y experimentando con diversos enfoques y técnicas a lo largo de su carrera. Su obra no solo capturó paisajes rurales, típicos del impresionismo, sino también escenas urbanas que documentaron los cambios en el paisaje parisino durante la modernización de finales del siglo XIX.

La familia Cassirer, una prominente familia judía de coleccionistas y marchantes de arte en Alemania, adquirió esta obra como parte de su destacada colección, que incluía numerosas piezas significativas de arte moderno y contemporáneo. La adquisición de "Rue St. Honoré après midi, effet de pluie" significó para los Cassirer no solo una inversión financiera sino también un profundo valor cultural y emocional, representativo de su pasión por el arte y su compromiso con la preservación de obras significativas.

Antes de la llegada al poder de los nazis, la colección Cassirer era conocida y respetada en los círculos artísticos europeos. Sin embargo, con la escalada del régimen nazi y sus políticas antisemitas, la familia se vio forzada a tomar decisiones drásticas respecto a su patrimonio y su seguridad personal. Este período de turbulencia resultó en la pérdida de acceso y eventual desposesión de su colección, incluida la obra de Pissarro. El arte es mucho más que una manifestación de creatividad o un activo financiero; es una expresión profunda de identidad cultural y personal que vincula generaciones. Para la familia Cassirer, como para muchas otras víctimas de saqueos durante conflictos y regímenes opresivos, las obras de arte representaban conexiones tangibles con su pasado y reflejos de su legado cultural. El robo de tales obras por parte del régimen nazi no sólo fue un acto de despojo material sino también un intento deliberado de borrar la identidad cultural y el patrimonio histórico de comunidades enteras.

La pérdida de "Rue St. Honoré après midi, effet de pluie" simbolizó para los Cassirer una ruptura violenta en la transmisión de su cultura familiar y patrimonio. Este cuadro, más allá de su valor monetario, encarnaba la historia de una familia que había contribuido significativamente al panorama artístico y cultural. El impacto psicológico de tal pérdida es profundo y multifacético, abarcando sentimientos de duelo, ira y un sentido palpable de injusticia. Estos sentimientos son exacerbados por la dificultad y, a menudo, la incapacidad de recuperar tales bienes.

La resolución de casos legales como el de Cassirer no solo determina la devolución de bienes culturales, sino que también establece precedentes que pueden influir en futuros litigios y políticas sobre la restitución de arte. Estas decisiones judiciales tienen el poder de moldear las normativas nacionales e internacionales, afectando cómo las instituciones y los individuos abordan la propiedad y la transferencia de obras de arte en el futuro.

El veredicto en el caso Cassirer, por ejemplo, subraya la importancia de considerar tanto la legalidad como la moralidad en la restitución del arte. A través de su fallo, el tribunal no solo resolvió una disputa sobre la propiedad de una obra, sino que también comentó sobre la responsabilidad ética de las instituciones que manejan obras de arte de origen cuestionable. Este tipo de decisiones resalta la necesidad de políticas más robustas que garanticen que las obras de arte robadas sean devueltas a sus legítimos propietarios, respetando así sus derechos históricos y culturales.

Además, el impacto de tales veredictos va más allá de los confines del aula judicial y puede influir en la percepción pública sobre la justicia y la equidad en el mercado del arte. Estos fallos pueden llevar a un mayor escrutinio público y a un debate sobre las prácticas de adquisición de museos y otras instituciones culturales, impulsando un cambio hacia una mayor transparencia y rendición de cuentas.

La influencia de estos veredictos también se extiende al ámbito legislativo, donde pueden inspirar nuevas leyes que aborden las lagunas en la restitución de bienes culturales y fortalezcan las sanciones contra aquellos que trafican arte ilegalmente. Por ejemplo, podrían fomentar la creación de registros más detallados de transacciones de arte y requerimientos más estrictos para la documentación de la procedencia de las obras.

La recuperación de obras de arte, en este contexto, se transforma en un proceso profundamente emocional y simbólico, que va más allá de la restitución legal o financiera. Representa un acto de justicia histórica, una afirmación de la memoria y la identidad que fueron suprimidas. Para las familias afectadas, la restitución puede ofrecer un cierre, aunque parcial, a las heridas abiertas por el saqueo y la opresión. Este proceso no solo beneficia a los individuos directamente involucrados sino que también tiene un impacto curativo en la comunidad más amplia, reconociendo y rectificando los errores del pasado.

Además, el proceso de restitución de obras de arte robadas juega un papel crucial en la educación y la memoria colectivas. Actúa como un recordatorio público de las atrocidades pasadas y subraya la importancia de la vigilancia cultural y la protección del patrimonio en tiempos de crisis. Cada obra de arte devuelta cuenta una historia de supervivencia y resistencia, sirviendo como un legado para las futuras generaciones sobre la importancia de respetar y proteger la diversidad cultural.

En el ámbito social más amplio, la restitución fomenta un diálogo sobre la responsabilidad ética y legal de museos, coleccionistas y gobiernos en el manejo del arte y los bienes culturales. Promueve la transparencia y la integridad en el mercado del arte, desincentivando la circulación de bienes ilícitamente obtenidos y fortaleciendo las normas internacionales contra el saqueo y la explotación cultural.

La restitución de obras de arte no es meramente un asunto de transacciones legales; es un acto profundamente enraizado en la justicia social, la ética cultural y la reparación histórica. En el contexto de obras como “Rue St. Honoré après midi, effet de pluie” de Camille Pissarro, la recuperación trasciende la simple devolución de propiedad y se convierte en un símbolo de rectificación de los errores históricos, un acto de curación para las comunidades que han sido despojadas de su patrimonio cultural.

El caso de la familia Cassirer es emblemático de cómo el arte puede servir como un puente entre el pasado y el presente, manteniendo vivas las historias y tradiciones que definen a una comunidad. Cuando los nazis usurparon tal arte, no solo robaron objetos de valor incalculable, sino que intentaron borrar la rica historia cultural de las personas a quienes pertenecían. Por lo tanto, la restitución de estas obras a menudo lleva consigo una carga emocional significativa, reafirmando la identidad y la historia que los regímenes opresivos intentaron eliminar.

La devolución de arte robado también promueve la sanación al reconocer oficialmente la injusticia y tomar medidas para corregirla. Este proceso puede restaurar la fe en las instituciones legales y culturales, especialmente cuando dichas instituciones juegan un papel activo en la rectificación de los errores del pasado. Además, al devolver estos bienes culturales a sus legítimos propietarios o sus descendientes, se envía un mensaje potente sobre la importancia de la memoria y la justicia histórica.

Desde un punto de vista social más amplio, estos actos de restitución tienen el poder de transformar las relaciones comunitarias, fomentando un sentido de reconciliación y entendimiento mutuo entre diferentes grupos. Pueden servir como ejemplos poderosos de cómo la justicia puede prevalecer, incluso décadas después de que se cometieran las injusticias. Este aspecto es especialmente vital en sociedades que todavía luchan con las secuelas de conflictos pasados y buscan formas de construir una paz duradera y respeto mutuo entre comunidades diversas.

La restitución también influye en las políticas públicas y las prácticas institucionales en el ámbito cultural. Cada caso exitoso de recuperación de arte impulsa a los museos y otras instituciones culturales a examinar sus colecciones en busca de posibles objetos de procedencia dudosa y a mejorar sus protocolos de adquisición y gestión. Esto ha llevado a un aumento en la transparencia y la diligencia debida en el mercado del arte, donde la procedencia de los objetos se ha convertido en un factor crucial en las transacciones de arte.

El caso *Cassirer* nos recuerda que el arte es un componente vital de la identidad y memoria humanas. La pérdida y recuperación de obras de arte robadas no sólo incumbe a los individuos o familias afectadas; resuena a través de toda la sociedad, enfatizando la necesidad de proteger el patrimonio cultural como un pilar fundamental de nuestra humanidad compartida.

Con la llegada de los nazis al poder en Alemania, éstos adquirieron el cuadro por un precio irrisorio a cambio de permitir a la judía alemana millonaria, Lilly Cassirer, abandonar Alemania, junto a su familia, rumbo a Reino Unido. Una vez finalizada la Segunda Guerra Mundial, la familia Cassirer buscó el cuadro, pero no pudo encontrarlo, a pesar de que estuvo oculta en una colección privada de San Luis (Misuri) desde 1952 hasta 1976. La pintura que se creía destruida durante la guerra fue adquirida en 1976 por el barón Hans Heinrich Thyssen a la galería neoyorquina Septhen Hahn por 300.000 dólares, desconociendo éste el origen irregular del despojo de su propiedad a la familia Cassirer siendo adquirido con posterioridad el cuadro por la Fundación Thyssen Bornemisza que lo compró en 1993 como parte de la Colección Thyssen, propiedad del trust Favorita Trustees Limited —del barón Thyssen— compuesta por 775 cuadros entre los que se encontraba estaba valiosa pintura y por los cuales España pagó 350 millones de dólares. En este contexto, el desarrollo y la implementación de tecnologías avanzadas en la investigación de la procedencia de las obras de arte han sido fundamentales para esclarecer las historias detrás de piezas como 'Rue St. Honoré après midi, effet de pluie'.

La evolución de las tecnologías emergentes ha revolucionado la autenticación y la procedencia del arte, proporcionando herramientas poderosas que transforman cómo las obras son evaluadas, catalogadas y rastreadas. Las tecnologías como la inteligencia artificial (IA), la blockchain, y los sistemas avanzados de análisis de imagen están cambiando el panorama del mercado del arte, ofreciendo nuevos métodos para asegurar la autenticidad de las obras y su historia de propiedad.

La inteligencia artificial, en particular, ha permitido el desarrollo de algoritmos capaces de analizar obras de arte a niveles de detalle previamente imposibles. Estos sistemas pueden examinar patrones de pinceladas, composición de materiales y otros elementos distintivos que ayudan a verificar la autenticidad de una obra. Además, la IA se utiliza para comparar obras de arte con vastas bases de datos de imágenes y registros históricos, acelerando el proceso de verificación y reduciendo el riesgo de error humano.

La tecnología blockchain, por su parte, ofrece un método seguro y transparente para registrar la propiedad y la transferencia de obras de arte. Cada transacción relacionada con una obra se registra en un "bloque" de datos, que luego se añade a una "cadena" de información histórica. Este registro es prácticamente a prueba de manipulaciones y proporciona un rastro claro y auditable de la procedencia de una obra, lo que es esencial para combatir el comercio ilegal y facilitar la restitución de obras robadas o disputadas.

Además, la digitalización avanzada y las técnicas de imagen, como la espectroscopía infrarroja y la radiografía, permiten a los expertos ver más allá de la superficie de una pintura, revelando detalles ocultos sobre las técnicas utilizadas y los materiales aplicados. Esto no solo ayuda en la autenticación sino también en la conservación, proporcionando datos cruciales que pueden guiar los esfuerzos de restauración sin dañar la obra original.

Estas tecnologías emergentes no solo mejoran la seguridad y la eficiencia en el mercado del arte, sino que también juegan un papel crucial en la protección del patrimonio cultural. Al asegurar que las obras de arte puedan ser autenticadas y rastreadas con precisión, estas herramientas ayudan a preservar la integridad del arte y de la cultura, garantizando que las generaciones futuras puedan disfrutar y apreciar estos tesoros del pasado.

Las herramientas de digitalización y las bases de datos accesibles al público, como las que mantienen la Interpol y otras organizaciones internacionales, han jugado un papel crucial en la identificación de obras de arte desplazadas y en la confirmación de sus historiales de propiedad. Estas tecnologías permiten a los investigadores acceder a archivos que antes eran inaccesibles debido a restricciones geográficas o políticas, facilitando la trazabilidad de las obras desde su creación hasta su ubicación actual.

Los comentarios de expertos y los testimonios juegan un papel vital en el entendimiento de casos complejos como el de Cassirer, proporcionando perspectivas esenciales sobre aspectos legales, históricos y técnicos. Expertos en derecho del arte, historiadores, y técnicos en conservación aportan conocimientos que no solo enriquecen el proceso judicial, sino que también educan al público y a las partes interesadas sobre las particularidades del caso.

En el caso *Cassirer*, testimonios de expertos en proveniencia y autenticación de obras de arte podrían destacar la historia de la obra "Rue St. Honoré après midi, effet de pluie", detallando su travesía desde las manos de sus legítimos propietarios hasta su ubicación actual. Esta información es crucial para argumentar a favor de la restitución, subrayando no solo la legalidad sino también la moralidad del reclamo.

Los curadores y conservadores también ofrecen insights sobre el estado físico de las obras y los cuidados necesarios para preservarlas para futuras generaciones, lo que refuerza la necesidad de una manipulación y custodia cuidadosas, especialmente cuando se trata de obras que han sido objeto de litigio.

La creciente adopción de tecnología blockchain en el mercado del arte también está revolucionando la manera en que se registra y se transfiere la propiedad del arte. Al proporcionar un registro descentralizado e inmutable de la propiedad, esta tecnología promete una mayor transparencia y seguridad en las transacciones de arte, ayudando a prevenir la venta y redistribución de obras de arte robadas o disputadas.

La pintura, que se creía destruida durante la guerra, fue adquirida en 1976 por el barón Hans Heinrich Thyssen a la galería neoyorquina Septhen Hahn por 300.000 dólares, desconociendo éste el origen irregular del despojo de su propiedad a la familia Cassirer, siendo adquirido con posterioridad el cuadro por la Fundación Thyssen Bornemisza, que lo compró en 1993, como parte de la Colección Thyssen, propiedad del trust Favorita Trustees Limited –del barón Thyssen–, compuesta por 775 cuadros, entre los que se encontraba estaba valiosa pintura, y por los cuales España pagó 350 millones de dólares.

La familia Cassirer inició un litigio, en California, lugar de su domicilio, con la finalidad de recuperar el cuadro y, en mayo de 2019 el juez John F. Walker, del Distrito Central de California, falló a favor de la FCTB. Este caso no solo refleja un conflicto legal, sino que también destaca el impacto cultural y social significativo que tales disputas tienen en las comunidades afectadas y en la sociedad en general. El litigio de la obra de Pissarro no es simplemente un caso de derechos de propiedad; es un símbolo de las complejidades asociadas con la herencia cultural y la memoria colectiva.

La resolución de este caso ha generado un amplio debate público sobre el papel de las instituciones culturales en la protección y presentación de obras de arte. Museos y fundaciones son vistos no solo como guardianes de tesoros artísticos, sino también como instituciones que deben actuar de manera ética y responsable, especialmente en situaciones donde el origen de las obras puede estar manchado por la historia. Este caso ha impulsado a muchas instituciones a revisar sus políticas de adquisición y procedencia de obras, poniendo un mayor énfasis en la transparencia y la ética.

Además, el caso *Cassirer* contra la FCTB ha servido como un llamado de atención sobre la necesidad de mecanismos legales y políticas más robustas para abordar el problema de los bienes culturales robados o adquiridos bajo coacción. Ha puesto en relieve la importancia de la colaboración internacional entre gobiernos, museos y organizaciones internacionales para garantizar que las obras de arte robadas sean devueltas a sus legítimos propietarios o a sus herederos, respetando así los derechos humanos y la justicia histórica.

El impacto de este caso también se extiende a las comunidades de víctimas del Holocausto y otros regímenes opresivos, reafirmando la importancia de la restitución como un paso crucial en el proceso de curación y reconocimiento de las injusticias pasadas. La discusión que ha surgido alrededor del caso también ha contribuido a una mayor conciencia y educación sobre el impacto del saqueo de arte durante conflictos y regímenes autoritarios, mostrando cómo el arte se convierte en un vehículo para la memoria y la identidad cultural. En aplicación del Derecho civil español, conforme a la figura de la usucapión la Fundación era la propietaria del cuadro puesto que, fuese cual fuese el título de adquisición, se había convertido en legítima propietaria de la obra por prescripción adquisitiva. Esta figura viene prevista en el artículo 1955 del Código Civil español, el cual dispone que se "prescribe el dominio de las cosas muebles por la posesión no interrumpida de seis años, sin necesidad de ninguna otra condición". Es decir, independientemente de cómo hubiese adquirido el cuadro, la

FCTB se habría convertido en legítimo propietario del mismo por su posesión no interrumpida durante seis años. En dicho fallo, el mismo juez expresó el punto clave de cuestión de competencia: «Es indiscutible que los nazis robaron el cuadro a Lilly. Bajo la ley de California y el derecho anglosajón, los ladrones no pueden vender una propiedad a nadie, incluyendo a un comprador de buena fe. Sin embargo, como este Tribunal estableció, la Ley de California y el derecho anglosajón no son de aplicación en este caso.

En vez de eso, el Tribunal debe aplicar la ley española. Y bajo la ley española, la FCTB es la propietaria legal del cuadro, añadió en su sentencia, en el caso David Cassirer y otros contra la Fundación Colección Thyssen-Bornemisza. Este veredicto, aunque legalmente vinculante, ha generado una serie de consecuencias tanto en el ámbito legal como en el cultural y social. Desde el punto de vista legal, el fallo ha sentado un precedente en cuanto a la interpretación de la usucapión en casos de arte robado durante conflictos y regímenes autoritarios, lo que podría influir en futuros litigios similares alrededor del mundo.

En el ámbito cultural, la decisión ha provocado un debate amplio sobre la responsabilidad de las instituciones culturales en la gestión de sus colecciones, especialmente en lo que respecta a la procedencia de las obras y la transparencia en la adquisición. Museos y otras entidades han comenzado a reevaluar sus políticas de adquisición y procedencia para prevenir situaciones similares en el futuro, destacando la importancia de una diligencia debida rigurosa.

Socialmente, el veredicto ha tenido un impacto significativo en la percepción pública de la justicia y la ética en el ámbito del arte. Ha suscitado un diálogo sobre la importancia de la restitución de bienes culturales a sus legítimos propietarios o herederos, especialmente en contextos donde los bienes fueron adquiridos bajo circunstancias dudosas o directamente ilegales. Este caso ha reforzado la necesidad de mecanismos más efectivos y equitativos para la resolución de disputas sobre bienes culturales, lo que ha incentivado a varias jurisdicciones a considerar o implementar leyes más robustas y específicas para la gestión de conflictos relacionados con bienes culturales.

La decisión fue recurrida por la familia, a la que se unieron la Comunidad Judía de Madrid y la Federación de Comunidades Judías de España, representadas por Bernardo M. Cremades Jr., del despacho B. Cremades & Asociados en Madrid, personándose como terceros interesados (*amicus curiae*). Esta apelación abrió una nueva etapa del litigio, enfocándose en argumentos legales complejos sobre la aplicación del derecho de propiedad y la usucapión bajo la legislación española. El núcleo del debate legal giró en torno a si la posesión prolongada de la obra por parte de la Fundación Thyssen-Bornemisza podría considerarse legítima a pesar de las circunstancias de su adquisición.

Los representantes legales de la familia Cassirer argumentaron que, dado el contexto histórico del traspaso de propiedad durante el régimen nazi, las condiciones normales de usucapión no deberían aplicarse. Subrayaron la importancia de considerar el derecho internacional y los tratados sobre la restitución de bienes culturales, como la Convención de la UNESCO de 1970 sobre los medios de prohibir e impedir la importación, exportación y transferencia de propiedad ilícitas de bienes culturales, a la que España es parte.

La defensa de la FCTB presentó una argumentación robusta basada en el Código Civil español, que establece que la propiedad de los bienes muebles puede adquirirse tras la posesión ininterrumpida durante seis años, independientemente del origen de dicha posesión. La Fundación sostuvo que había adquirido el cuadro de buena fe y sin conocimiento de su historia previa de expropiación, y que las leyes de prescripción les conferían el derecho pleno sobre la obra.

Este enfoque legal planteó cuestiones significativas sobre cómo los sistemas jurídicos nacionales interpretan y aplican principios de derecho internacional y de buena fe en contextos históricamente complejos. En la parte contraria, también la Abogacía del Estado español intervino en el proceso del lado de la FCTB. Durante el curso del litigio, se presentaron numerosos testimonios y comentarios de expertos que aportaron una perspectiva profunda y a menudo técnica a las complejidades del caso. Expertos en derecho del arte, historiadores y curadores ofrecieron sus opiniones sobre la importancia histórica y cultural de la obra, así como sobre las implicaciones legales de su adquisición y posesión.

Tras varias instancias, el Tribunal Supremo de EEUU, dictó una resolución, a principios del año 2022, por la que da marcha atrás, al decidir que en el caso del cuadro expoliado por los nazis debería haberse aplicado un foro diferente conforme a la ley estadounidense considerando que «Un Estado o un elemento extranjero en una demanda de la FSIA (= Ley de Inmunidad de Soberanía Extranjera) es responsable igual que lo sería una parte privada. Eso significa que debe aplicarse la norma estándar de elección de ley. En un litigio sobre derecho de propiedad como éste, esa norma estándar es la del Estado del foro (en este caso, California), no ninguna derivada del derecho común federal. Por tanto, se cambiaba de criterio y si, la resolución de los tribunales inferiores determinó que era de aplicación la Ley española (conforme al derecho común federal) el Tribunal Supremo de EEUU determina que no resulta de aplicación dicha norma común federal sino que, por el contrario, se aplica un régimen legal que determina que, la Ley de aplicación, será la del Estado de California, que contiene un régimen jurídico de adquisición de la propiedad diferente al español, con lo que, probablemente, la familia podría recuperar el cuadro al no haberse producido la adquisición del mismo, por parte de la FCTB, por el mero transcurso del tiempo teniendo la posesión. No obstante, el pasado 9 de enero de 2024, tres jueces de la Corte de Apelaciones del Noveno Circuito de EE.UU. decidieron que para determinar la propiedad del cuadro se apliquen las leyes españolas, y no las de California. "La aplicación de las leyes de California perjudicaría de forma significativa los intereses del Gobierno español, mientras que la aplicación de las leyes españolas sólo perjudicaría de forma relativamente mínima los intereses del Gobierno de California", explicaron los jueces. "Bajo el test de elección de ley de California, por lo tanto, decidimos que la ley española se aplique para determinar la propiedad de la pintura. Y en virtud del artículo 1955 del Código Civil español, la Colección Thyssen-Bornemisza ha adquirido la propiedad preceptiva de la pintura", concluyó el tribunal. Por ello, los representantes legales de Cassirer solicitarán a la totalidad de los jueces que componen la Corte de Apelaciones del Noveno Circuito de EE.UU., 11 en total, que revisen la sentencia de los tres magistrados.

Es evidente que, el interesante supuesto que ha sido expuesto de forma somera, pone en evidencia la disparidad de litigios privados internacionales que se plantean con objeto de la propiedad de bienes muebles culturales y, por supuesto, la complejidad de los mismos y la importancia de la determinación de la competencia judicial internacional para conocer el asunto (= marco jurídico de referencia; los foros de competencia judicial internacional en litigios sobre bienes muebles en general; y los foros de competencia judicial internacional en litigios sobre recuperación de bienes culturales), así como de la determinación de la ley aplicable (= marco jurídico de referencia; la ley aplicable y bienes del Patrimonio histórico español; la ley aplicable y bienes del Patrimonio histórico de otros países; y la ley aplicable y bienes culturales robados o exportados ilícitamente) para la resolución del litigio.

En respuesta a estos desafíos, se recomienda la implementación de un marco legal internacional más uniforme para la restitución de arte robado o ilícitamente expropiado. Tal marco debería incluir procedimientos estándar para la verificación de la procedencia de las obras y para la resolución de disputas, garantizando que las reclamaciones puedan ser procesadas de manera justa y eficiente, independientemente de las jurisdicciones involucradas.

Además, es fundamental que los países refuercen la cooperación internacional en el ámbito de la protección del patrimonio cultural, posiblemente a través de organismos como la UNESCO y la INTERPOL. Esto podría incluir la creación de una base de datos global más accesible y transparente de obras de arte robadas o disputadas, lo que facilitaría la identificación y la recuperación de bienes culturales.

También se sugiere la educación y capacitación de los involucrados en el mercado del arte, incluidos comerciantes, coleccionistas y personal de museos, sobre la importancia de la diligencia debida y las implicaciones legales y éticas de la adquisición de arte. Este enfoque educativo podría ayudar a prevenir la circulación de obras de arte de procedencia dudosa y promover una cultura de respeto y protección del patrimonio cultural a nivel mundial.

Finalmente, debería incentivarse la creación de leyes que faciliten la restitución a los herederos legítimos y que establezcan sanciones claras para quienes infrinjan las normas relacionadas con la adquisición y venta de bienes culturales robados, asegurando que el arte y los bienes culturales puedan ser disfrutados por las generaciones futuras en un contexto de legalidad y respeto por la historia y la cultura.

1. ARGUMENTOS DE LAS PARTES Y DEL JUICIO Y ARGUMENTOS DEL RECLAMANTE

En el caso del litigio por la obra "Rue Saint-Honoré por la tarde, efecto de lluvia" de Camille Pissarro, las partes involucradas han presentado argumentos legales y éticos complejos. Esta sección desglosa los argumentos de cada parte en el contexto del caso Cassirer *vs.* FCTB.

Los herederos Cassirer, en su lucha por recuperar la obra de Pissarro, articulan un argumento compuesto por varias capas legales y morales, enfatizando tanto el derecho como la justicia inherente a su reclamación.

Los Cassirer subrayan la clara línea de propiedad que vincula la obra con su familia, establecida bien antes de la usurpación nazi. La documentación histórica, incluyendo registros de propiedad y catálogos de arte, sirve para fundamentar este vínculo indiscutible.

Argumentan que la expropiación de la obra formó parte de un acto más amplio de violación de derechos humanos por parte del régimen nazi. Insisten en que la restitución de bienes culturales saqueados es una cuestión de justicia internacional, que busca remediar, en alguna medida, los horrores del Holocausto.

Se apela a tratados como la Convención de la UNESCO de 1970 y la Convención UNIDROIT de 1995, argumentando que estos acuerdos internacionales respaldan el retorno de obras de arte a sus legítimos propietarios o herederos cuando han sido objeto de expropiación ilegal.

Dudas sobre la Diligencia Debida: Los Cassirer cuestionan la supuesta adquisición de buena fe por parte del museo, sugiriendo que una investigación adecuada sobre la procedencia de la obra habría revelado su historia de expropiación. Argumentan que existían suficientes indicios para poner en duda la legalidad de la posesión de la obra por parte del museo.

Más allá de los argumentos legales, los *Cassirer* enfatizan el imperativo moral de restituir obras de arte saqueadas a las víctimas del Holocausto y sus descendientes. Este posicionamiento resalta la profunda conexión entre ética, moralidad y la práctica del derecho en contextos de restitución de arte. La devolución de obras de arte en este contexto no solo se ve como un acto de justicia legal sino también como una corrección de errores históricos graves, donde la propiedad fue despojada bajo circunstancias de opresión y violencia extrema.

La ética detrás de la restitución de arte robado aborda varias cuestiones fundamentales sobre la memoria, la identidad y la historia cultural. Al lidiar con artefactos culturales que han sido transferidos bajo coacción, la comunidad internacional enfrenta el reto de equilibrar la justicia legal con la moral. Estos casos ponen a prueba los límites de la ley en su capacidad para mediar en asuntos que son intrínsecamente emocionales y personales para los descendientes de aquellos a quienes originalmente pertenecían los bienes.

Además, la moralidad de la restitución implica considerar el impacto de estos actos en la percepción pública de instituciones como museos y galerías. Cuando las instituciones eligen retener artefactos de origen cuestionable, pueden verse como cómplices de la injusticia histórica, dañando su reputación y confiabilidad. En contraste, la participación activa en la restitución puede ser vista como un compromiso con principios éticos superiores, fortaleciendo la confianza del público en estas instituciones.

La familia Cassirer, al enfocar su caso en torno a la ética de la restitución, invita a una reflexión más amplia sobre cómo deberían las sociedades valorar y responder a las injusticias históricas. El debate sobre la ética de la restitución de obras de arte robadas trasciende el mero acto legal, abarcando un diálogo más amplio sobre cómo recordamos y rectificamos los errores del pasado. Este enfoque se basa en el reconocimiento de la restitución como un acto de justicia histórica y reparación.

La restitución se presenta no solo como una corrección de una injusticia individual sino también como un acto simbólico de reconocimiento y reparación hacia todas las víctimas del saqueo nazi, contribuyendo a la memoria histórica y la educación sobre el Holocausto.

2. ARGUMENTOS DEL POSEEDOR ACTUAL

La FCTB argumenta su derecho a mantener la posesión del cuadro de Pissarro basándose en varios pilares fundamentales del derecho, tanto a nivel nacional como internacional.

El museo sostiene que adquirió la obra de arte de buena fe, sin conocimiento de su histórico, basando su defensa en la Presunción de Legitimidad. Argumenta que, en el momento de la compra, se realizaron las debidas diligencias conforme a los estándares del mercado del arte y que no había evidencia accesible que pusiera en duda la legitimidad de la obra.

La FCTB ha basado una parte crucial de su defensa en la Presunción de Legitimidad y la buena fe, pilares fundamentales tanto del derecho nacional español como de muchos sistemas jurídicos internacionales. En el derecho español, la buena fe se presume siempre según el artículo 433 del Código Civil, lo que significa que, salvo prueba en contrario, se considera que el poseedor de una obra adquirió y poseyó la obra legalmente y sin intención de perjudicar a los verdaderos dueños.

En el momento de la adquisición del cuadro de Pissarro, la Fundación sostiene que realizó todas las diligencias debidas conforme a los estándares del mercado del arte de la época. Este proceso incluyó consultas a bases de datos de obras robadas, verificación de catálogos de subastas y consulta con expertos en arte impresionista. A pesar de estas medidas, no se encontraron registros ni reclamaciones que indicaran que la obra había sido objeto de expoliación durante el régimen nazi.

Comparativamente, la buena fe y las diligencias debidas juegan roles similares en otros sistemas jurídicos, como en el derecho estadounidense o británico, aunque la interpretación y aplicación pueden variar. Por ejemplo, en Estados Unidos, la *Uniform Commercial Code* exige un nivel de diligencia que puede incluir no solo la revisión de bases de datos, sino también la investigación del historial completo de transacciones de la obra, algo que no es explícitamente requerido por la ley española.

Además, la defensa de la FCTB también se apoya en la ausencia de reclamaciones previas por parte de los herederos de *Cassirer* durante décadas, lo cual, argumentan, fortalece su posición bajo la presunción de buena fe. Sin embargo, críticos y expertos legales podrían argumentar que la responsabilidad de realizar una investigación exhaustiva sobre la procedencia de la obra no se agota con una simple verificación de bases de datos, especialmente en el contexto de obras que posiblemente provengan de periodos históricos turbulentos como la Segunda Guerra Mundial.

La fundación apela a la doctrina de la buena fe presente en el Código Civil español, que protege los derechos de los poseedores legítimos de bienes adquiridos sin conocimiento de reclamaciones previas. Este principio, argumentan, les confiere el derecho a retener la obra, dado el tiempo transcurrido y la falta de reclamaciones durante décadas.

La doctrina de la buena fe en el Código Civil español es un principio jurídico que juega un papel crucial en la regulación de las relaciones privadas, incluidas las transacciones de arte. Según el artículo 34 de la Ley Hipotecaria, un comprador que adquiere un bien a título oneroso de quien aparece como titular en los registros públicos, lo hace de buena fe y permanece protegido contra reclamaciones de terceros, siempre y cuando no exista mala fe evidente o negligencia grave.

Este principio ha sido fundamental en numerosos casos de restitución de bienes, no solo en el ámbito del arte sino también en otros contextos de propiedad. Por ejemplo, en la disputa sobre la propiedad de bienes inmuebles, los tribunales españoles han sostenido consistentemente que la protección de la buena fe debe prevalecer para garantizar la estabilidad del comercio y la certeza jurídica, a menos que se demuestre que el comprador tenía conocimiento del conflicto previo o debió haberlo sabido a través de una diligencia razonable.

En el contexto de la restitución de arte, la aplicación de esta doctrina se vuelve más compleja, especialmente cuando las obras han sido desplazadas a través de contextos históricos turbulentos como guerras o regímenes opresivos. La buena fe se presume, pero esta presunción puede ser rebatida si el reclamante demuestra que el poseedor actual conocía la procedencia ilícita del objeto o ignoraba deliberadamente las evidencias que sugerían un origen problemático.

El caso de la FCTB destaca cómo la interpretación de la buena fe y las diligencias debidas son vitales para la defensa. La FCTB argumenta que no había evidencia accesible en el momento de la compra que indicara que el cuadro había sido robado, cumpliendo así con el estándar de buena fe según la ley española. Sin embargo, críticos argumentan que deberían haberse realizado investigaciones más profundas, dado el contexto histórico del cuadro y las prácticas comunes de expoliación durante la Segunda Guerra Mundial.

El museo también señala que, según la ley española, existen plazos de prescripción que limitan el tiempo durante el cual se pueden presentar reclamaciones sobre la propiedad de bienes. Argumentan que el extenso período desde la adquisición del cuadro hasta la presentación de la demanda por parte de los *Cassirer* excede estos plazos, invalidando la reclamación.

En el Derecho español, los plazos de prescripción juegan un papel crítico en la determinación de los derechos a largo plazo sobre los bienes, incluidos los bienes culturales como obras de arte. Según el Código Civil, existen diferentes plazos de prescripción dependiendo de la naturaleza del derecho en cuestión. Para reclamaciones relacionadas con la propiedad de bienes, el plazo general es de 30 años. Esto significa que, si una obra de arte es poseída de manera ininterrumpida y pública durante este período, el poseedor puede adquirir la propiedad legal del bien, incluso si la adquisición inicial no fue legítima.

Este principio es fundamental en casos donde las obras de arte han sido robadas o adquiridas bajo circunstancias cuestionables. La aplicación de los plazos de prescripción a menudo es controversial, especialmente en contextos históricos donde la restitución de arte robado durante conflictos o regímenes totalitarios se convierte en una cuestión de justicia histórica.

La FCTB argumenta que, dado que el cuadro fue adquirido hace más de tres décadas y no hubo reclamaciones durante ese tiempo, los plazos de prescripción han expirado, consolidando su derecho de propiedad sobre la obra.

Comparativamente, en otros sistemas jurídicos como el de Estados Unidos, la prescripción adquisitiva puede requerir tanto la posesión ininterrumpida como otros criterios, como la "posesión adversa" que debe ser abierta y notoria. Además, muchos estados tienen leyes específicas que excluyen la aplicación de la prescripción adquisitiva a bienes robados, especialmente en el caso de bienes culturales significativos.

La aplicación de estos plazos también es objeto de debate internacional. Organizaciones como la UNESCO han abogado por excepciones en los plazos de prescripción para casos de bienes culturales robados, argumentando que las circunstancias de despojo durante conflictos no deberían beneficiar legalmente a los poseedores actuales. En este contexto, los tratados internacionales y las legislaciones nacionales están siendo revisados para reflejar una comprensión más matizada de la justicia en la restitución de bienes culturales.

Aunque reconoce los tratados internacionales como la Convención de la UNESCO de 1970 y la Convención UNIDROIT de 1995, la fundación sostiene que su adquisición y posesión del cuadro se alinean con las disposiciones de estos tratados, dado que se consideraron de buena fe en el momento de la adquisición.

La FCTB se enfrenta al desafío de demostrar que su adquisición del cuadro "Rue St. Honoré après midi, effet de pluie" de Pissarro se ajusta a las normativas internacionales, específicamente la Convención de la UNESCO de 1970 sobre los Medios de Prohibir e Impedir la Importación, la Exportación y la Transferencia de Propiedad Ilícita de Bienes Culturales y la Convención UNIDROIT de 1995 sobre los Bienes Culturales Robados o Exportados Ilícitamente.

Estas convenciones tienen como objetivo principal proteger el patrimonio cultural y prevenir el tráfico ilícito de bienes culturales, estableciendo un marco legal que los países miembros deben seguir. La Convención de la UNESCO de 1970 insta a los estados parte a adoptar medidas que impidan la importación, exportación y transferencia de propiedad ilícita de bienes culturales. Mientras tanto, la Convención UNIDROIT de 1995 complementa esta convención al proporcionar un marco legal detallado sobre la restitución o devolución de bienes culturales robados, incluyendo la prescripción de que los bienes adquiridos deben ser devueltos si se comprueban robados y si la adquisición no ocurrió conforme a las normas de buena fe.

La FCTB argumenta que, en el momento de su adquisición del cuadro, se realizaron todas las verificaciones necesarias conforme a las normas internacionales de buena fe y que no había evidencias disponibles que indicaran que la obra había sido robada. Sin embargo, esta posición es a menudo objeto de debate, dado que la responsabilidad de cumplir con las convenciones internacionales implica realizar una investigación exhaustiva sobre la procedencia de la obra, más allá de las pruebas inmediatamente disponibles.

El caso plantea preguntas sobre la eficacia de las convenciones internacionales en la práctica real. A pesar de los marcos establecidos, la aplicación efectiva de estas normas depende en gran medida de la cooperación internacional y la capacidad de los sistemas legales nacionales para interpretar y aplicar las disposiciones del tratado de manera que realmente protejan el patrimonio cultural.

Además, el museo destaca la importancia de mantener el cuadro accesible al público como parte de su colección. Argumentan que su posesión ha permitido que la obra sea disfrutada, estudiada y preservada como un bien cultural significativo para el beneficio de la sociedad.

La FCTB sostiene que su tenencia del cuadro "Rue St. Honoré après midi, effet de pluie" de Camille Pissarro ha sido fundamental para su misión de hacer accesible el arte al público. Esta perspectiva subraya un argumento central en muchos debates sobre la restitución de arte: la función de las instituciones culturales como guardianes de tesoros artísticos para el disfrute y la educación del público general.

El acceso al arte, especialmente a obras de significativa importancia histórica y cultural, es crucial para la educación artística y cultural. Permite a las personas de todas las edades y orígenes aprender sobre diferentes épocas, movimientos artísticos y perspectivas culturales. En este contexto, la Fundación argumenta que su capacidad para exhibir el cuadro de Pissarro ha enriquecido la oferta cultural disponible para los visitantes y ha contribuido al diálogo educativo y cultural en España y más allá.

Sin embargo, la cuestión de la accesibilidad debe equilibrarse con los derechos de los legítimos propietarios y las consideraciones éticas sobre cómo y por qué las obras fueron adquiridas. En este caso, aunque la Fundación sostiene que ha mejorado la accesibilidad del cuadro, los descendientes de la familia *Cassirer* podrían argumentar que el derecho a recuperar la propiedad de un bien cultural robado tiene prioridad sobre los beneficios de su exhibición pública en un contexto que no reconoce plenamente su historia.

Además, la exposición pública de obras de arte robadas puede llevar a debates éticos sobre la legitimidad de su posesión. Aunque las instituciones como la Fundación pueden proporcionar un ambiente seguro y regulado para la exhibición de estas obras, la cuestión de la propiedad legítima puede ensombrecer su papel como educadores y conservadores del patrimonio cultural.

La discusión también se extiende a la responsabilidad de las instituciones de implementar políticas de diligencia debida más robustas antes de adquirir arte, asegurando que su procedencia esté clara y libre de controversias. Esto es vital para mantener la confianza del público en las instituciones culturales como lugares de aprendizaje y disfrute ético.

Finalmente, la fundación cuestiona la jurisdicción de los tribunales estadounidenses para decidir sobre una disputa que involucra un bien situado en España y una entidad española, argumentando que las cortes españolas serían el foro apropiado para tales litigios.

La Fundación Colección Thyssen-Bornemisza plantea una objeción significativa respecto a la jurisdicción de los tribunales estadounidenses en el litigio sobre la obra de Pissarro, "Rue St. Honoré après midi, effet de pluie". Este desafío jurisdiccional resalta una compleja intersección de derecho internacional privado y público, donde se debaten los principios de soberanía, la localización de los bienes, y la nacionalidad de las partes involucradas.

En el derecho internacional, la regla general es que la jurisdicción adecuada para resolver disputas sobre bienes tangibles es el lugar donde el bien se encuentra, conocido como el principio de *lex rei sitae.* Sin embargo, este caso presenta complicaciones adicionales, ya que implica elementos transnacionales significativos: una parte demandante estadounidense (los herederos Cassirer) y una parte demandada española (la Fundación), con la obra de arte en cuestión ubicada en España.

La elección de los Estados Unidos como foro para este litigio se basa en varios factores, incluyendo la presencia de los demandantes en este país y aspectos específicos de la ley estadounidense que pueden ser vistos como más favorables para los casos de reclamación de arte robado. Los tribunales estadounidenses han establecido jurisprudencia en la adjudicación de casos de restitución cultural, particularmente aquellos que involucran bienes robados durante el Holocausto y sus secuelas.

Sin embargo, la FCTB argumenta que las cortes españolas serían el foro más apropiado debido a la ubicación actual del cuadro y a las leyes españolas aplicables que, según argumentan, protegen su adquisición bajo la presunción de buena fe y los plazos de prescripción establecidos por el derecho español. Este enfoque subraya la importancia del principio del respeto mutuo entre los sistemas judiciales de diferentes países y busca evitar conflictos de jurisdicción.

La resolución de esta disputa sobre la jurisdicción tiene implicaciones más amplias para la restitución internacional de arte y bienes culturales. Establece precedentes sobre cómo se pueden manejar los conflictos legales transfronterizos y cómo se equilibran los derechos de recuperación de los demandantes contra las protecciones legales de los poseedores actuales en diferentes jurisdicciones.

3. ANÁLISIS DE CONFLICTOS DE LEYES

El 9 de enero de 2024, el Tribunal de Apelación de EE.UU. dictaminó que se aplica la ley española, aunque se apliquen las normas de elección de ley de California. El tribunal llegó a esta conclusión utilizando la Ley de Interés Gubernamental[132]. Según este planteamiento, el tribunal debe determinar en primer lugar que las dos leyes en conflicto, la española y la californiana, son diferentes. Porque la ley española en la que se basa el demandado es el artículo 1.955 del Código Civil español, que estipula que: "El dominio de los bienes muebles se prescribe por la posesión no interrumpida de tres años con buena fe. También se prescribe el dominio de las cosas muebles por la posesión no interrumpida de seis años, sin necesidad de ninguna otra condición".

La Ley de Interés Gubernamental es un principio crucial en el derecho internacional privado de Esta-

---

132 *Vid.* I. KUNDA, "US Ninth Circuit rules in favor of Spain in a decades-long case concerning a painting looted by the Nazis", *Conflict of Laws.net Views and News in Private International Law,* 17 de enero de 2024, disponible en: https://conflictoflaws.net/author/ivana-kunda.

dos Unidos, que permite a los tribunales resolver conflictos de leyes cuando las jurisdicciones implicadas tienen leyes sustantivamente diferentes. Este marco legal busca equilibrar los intereses legítimos de las jurisdicciones en conflicto al evaluar cuál ley sería la más apropiada para aplicar a un caso concreto.

En el caso del Tribunal de Apelación de EE.UU. referente al litigio por la obra de Pissarro, este principio fue fundamental para determinar que la ley española era más adecuada, a pesar de la presencia de normas de elección de ley en California que podrían haber sugerido lo contrario. Según la Ley de Interés Gubernamental, el tribunal debe primero confirmar que las leyes en conflicto (en este caso, la ley española y la ley californiana) ofrecen soluciones diferentes para el mismo problema legal. Si es así, el tribunal entonces evalúa cuál jurisdicción tiene un interés más sustancial en que su ley se aplique al caso en cuestión.

La ley española, como se cita en el artículo 1955 del Código Civil español, ofrece un marco en el que la posesión de bienes muebles durante un período ininterrumpido bajo buena fe puede llevar a la prescripción de la propiedad después de solo tres años. En contraste, la ley de California no reconoce la posesión adversa para bienes muebles y establece que los ladrones no pueden transferir un buen título, ni siquiera a un comprador de buena fe.

El análisis del tribunal también consideró los intereses legítimos de cada jurisdicción en aplicar sus leyes. Por un lado, España, donde se encuentra el bien y el poseedor actual, tiene un interés en regular la propiedad y la posesión de bienes dentro de sus fronteras según sus normas. Por otro lado, California tiene un interés en proteger a sus residentes y en asegurar que los bienes robados sean devueltos a sus legítimos dueños, pero este interés debe ser ponderado contra el hecho de que la transacción y la posesión del bien ocurrieron enteramente en España.

Por lo tanto, según la ley española, "tres años de posesión ininterrumpida de buena fe" son suficientes para obtener el título, aunque la ley de California no adopta expresamente la doctrina de la posesión adversa para dos muebles (por ejemplo, obras de arte) y, "Los ladrones no pueden transmitir un buen título a nadie, ni siquiera a un comprador de buena fe". Además, la legislación californiana amplía a seis años el plazo de prescripción de las reclamaciones relacionadas con la devolución de bienes robados, reclamación que Cassirer presentó sólo cinco años después de descubrir la colección en un museo madrileño.

La legislación española y californiana presenta enfoques distintos en relación con la adquisición de propiedad a través de la posesión, especialmente en el contexto de bienes culturales como obras de arte. Mientras que la ley española permite la adquisición de propiedad de bienes muebles a través de la posesión no interrumpida de tres años con buena fe, como lo estipula el artículo 1955 del Código Civil, la ley de California adopta una postura más restrictiva hacia la adquisición de propiedad de bienes robados.

En California, la ley establece claramente que un ladrón no puede conferir un buen título a un comprador, incluso si este último actúa de buena fe. Esto significa que si un bien es robado, el título no puede ser limpiado simplemente pasándolo a manos de nuevos propietarios, sin importar cuánto tiempo pase o cuán inocentes sean los sucesivos compradores. Esta disposición tiene el objetivo de proteger a los propietarios originales y desincentivar el mercado de bienes robados, asegurando que los bienes puedan ser recuperados por sus legítimos dueños independientemente de las transacciones subsecuentes.

El contraste en estas leyes refleja diferencias más amplias en cómo cada jurisdicción ve la protección contra la pérdida de propiedad y la importancia de la procedencia de los bienes. Mientras que la ley española refleja un enfoque que podría considerarse más pragmático o enfocado en la estabilidad de las transacciones comerciales, la ley californiana pone un énfasis más fuerte en la justicia para las víctimas de robo y el mantenimiento de la integridad del registro de propiedad.

Estas diferencias son fundamentales en el litigio sobre el cuadro de Pissarro porque resaltan la complejidad de aplicar principios de derecho internacional privado cuando los bienes cruzan fronteras y entran en mercados legales bajo diferentes regímenes legales. Los tribunales deben entonces sopesar estos principios contradictorios y determinar cuál ley refleja mejor los intereses de la justicia, los intereses públicos y los principios legales subyacentes relevantes para el caso.

Como ambas jurisdicciones, de España y California, tienen un interés legítimo en aplicar sus respectivas leyes sobre la propiedad de bienes personales robados, el tribunal debe determinar qué intereses de la jurisdicción se verían más perjudicados si sus políticas se subordinaran a las de otro Estado". O sea, a qué jurisdicción debería otorgarse el poder legislativo superior en las circunstancias del caso.

El Tribunal de Apelación de EE.UU. se enfrenta a la difícil tarea de sopesar los intereses legítimos de dos jurisdicciones diferentes en el caso de la obra de Pissarro. España, donde se encuentra actualmente el cuadro, y California, donde residen los demandantes Cassirer, presentan argumentos convincentes sobre por qué sus leyes deben prevalecer en este conflicto de leyes.

Por un lado, España tiene un interés legítimo en regular los bienes dentro de sus fronteras según sus propias leyes. El Código Civil español permite la prescripción de la propiedad de bienes muebles mediante la posesión de buena fe durante tres años. Este marco legal refleja un interés en la seguridad jurídica y la protección de los derechos de los poseedores actuales que han adquirido bienes de buena fe. Además, España puede argumentar que mantener un ambiente legal estable y predecible es esencial para su sistema jurídico y económico, particularmente en sectores como el del arte, que atraen a inversores y coleccionistas internacionales. Por otro lado, California representa los intereses de los Cassirer, ciudadanos estadounidenses que buscan recuperar una obra de arte que consideran robada por los nazis durante la Segunda Guerra Mundial. California tiene un interés robusto en proteger a sus residentes y asegurar que las víctimas de robos puedan recuperar sus propiedades, independientemente del tiempo transcurrido. Este interés no solo se alinea con la protección de los derechos individuales, sino también con un interés moral y ético en corregir los errores históricos relacionados con el expolio de arte durante conflictos bélicos.

El tribunal, al evaluar estos intereses, debe considerar no solo la legalidad y la equidad de aplicar una u otra ley, sino también las consecuencias a largo plazo de su decisión. ¿Cómo afectaría su decisión a la percepción de la justicia y la equidad en casos internacionales de restitución de arte? ¿Cómo impactaría en la confianza en los mercados internacionales de arte y en los esfuerzos globales para combatir el tráfico ilícito de bienes culturales?

Los factores a considerar en este análisis eran "el estado actual de la ley, la localización de las transacciones y acciones relevantes y la medida en que las leyes de la jurisdicción imponen decisiones similares a las leyes de otra jurisdicción, o se ajustan a las leyes de otra jurisdicción, de modo que la aplicación de las leyes de la otra jurisdicción sólo perjudicaría parcialmente (y no completamente) los intereses del estado cuya ley no se aplica".

En un litigio privado internacional, la determinación de cuál jurisdicción debe prevalecer a menudo implica un análisis meticuloso de varios factores legales y pragmáticos. En el caso del cuadro de Pissarro, el Tribunal de Apelación de EE.UU. tuvo que sopesar cuidadosamente estos factores para decidir si aplicar la ley española o la californiana.

El primer factor considerado es el estado actual de la ley. Esto implica una evaluación de cómo las leyes actuales de cada jurisdicción tratan situaciones similares. Por ejemplo, la ley española permite una adquisición más rápida de la propiedad a través de la prescripción, lo que puede ser visto como un intento de promover la seguridad y la certeza en las transacciones comerciales y la tenencia de bienes. Por otro lado, la ley de California, que no permite que los ladrones transmitan un título válido incluso a compradores de buena fe, refleja un fuerte interés en proteger a los propietarios originales de bienes robados.

El segundo factor importante es la localización de las transacciones y acciones relevantes. En este caso, el tribunal tuvo que considerar que todas las transacciones significativas, incluida la adquisición del cuadro por la Fundación y su exhibición continua, ocurrieron en España. Esto inclina la balanza hacia la aplicación de la ley española, ya que los actos que deben ser regulados ocurrieron dentro de su jurisdicción.

El tercer factor examina hasta qué punto las leyes de una jurisdicción imponen decisiones similares o se ajustan a las leyes de otra jurisdicción. Aquí, el tribunal debe evaluar si aplicar la ley de una jurisdicción causaría un daño irreparable a los intereses de la otra. En este contexto, se considera que aplicar la ley española no anula completamente los intereses de California, ya que principalmente afecta a los residentes y las actividades dentro de España. Además, dado que la propiedad en cuestión no se desplazó físicamente y la presencia de California en el caso es relativamente tangencial (basada solo en la residencia del demandante), los intereses de California se ven menos comprometidos.

En cuanto al primer factor, el tribunal declaró que no le corresponde juzgar qué ley es mejor. Aun así, frente al supuesto arcaísmo de la norma española, que dice que la propiedad se adquiere tras seis años de posesión, y se ve privada de su independencia de carácter durante tres años, el tribunal respondió que el demandado confió en la posesión de buena fe durante tres años.

Cuando un tribunal estadounidense decide aplicar la ley de una jurisdicción extranjera, como en el caso de optar por la ley española sobre la californiana en el litigio de un cuadro de Pissarro, esta decisión tiene profundas implicaciones para la interpretación y la implementación de las leyes nacionales. Tal decisión refleja no solo un respeto por la soberanía y las leyes de otra nación, sino que también plantea preguntas sobre la coherencia y la uniformidad de la aplicación de la ley en el contexto doméstico.

La aplicación de la ley extranjera puede verse como un reconocimiento de la globalización del derecho y la necesidad de armonizar las respuestas legales en un mundo interconectado. Sin embargo, también puede generar preocupaciones sobre la erosión de las normativas locales y el impacto en las víctimas y otros actores dentro de la jurisdicción nacional que pueden percibir que sus derechos y protecciones están siendo subordinados a leyes externas.

Por ejemplo, en este caso, la aplicación de la ley española en un tribunal de EE.UU. puede interpretarse como un esfuerzo para respetar las decisiones legales donde se encuentra actualmente el bien, facilitando así una cooperación legal internacional más fluida. No obstante, para los residentes de California, especialmente los afectados directamente por el caso, esto puede plantear preguntas sobre el acceso a la justicia y la capacidad de influir en decisiones que afectan directamente sus intereses legales y personales.

Esta situación también puede influir en cómo los legisladores y los tribunales evalúan futuras leyes y regulaciones, potencialmente llevando a ajustes en las normativas para garantizar que los intereses nacionales no se vean comprometidos por obligaciones internacionales. La decisión de subordinar una ley estatal a una extranjera podría impulsar debates sobre cómo equilibrar los derechos de los ciudadanos con los compromisos internacionales, especialmente en materias delicadas como la restitución de bienes culturales robados.

En cuanto al segundo factor, el Tribunal de Apelación razonó que, según varios precedentes del Tribunal Supremo de California, "una jurisdicción tiene ordinariamente un interés preponderante en regular la conducta que se produce dentro de sus fronteras" y resuelve en territorio español, mientras que "si no hay conducta californiana, se justifica una visión moderada de los intereses de California en facilitar la recuperación de uno de sus residentes". En el caso que nos ocupa, "el único contacto de California con el litigio fue incidental a la residencia del demandante allí".

En cuanto al tercer factor, y también en consonancia con la jurisprudencia anterior del Tribunal Supremo de California, un tribunal debe examinar si las leyes de una jurisdicción se acomodan a los intereses de otra jurisdicción o imponen deberes impuestos por la otra jurisdicción. Las leyes de un Estado son más fácilmente anulables si la no aplicación de sus leyes sólo perjudica parcialmente los intereses políticos de la jurisdicción cuyas leyes no se aplican. En este caso, la deficiente aplicación de la ley por parte de California sólo perjudicaría parcialmente los intereses de California en la disuasión de las *robocalls* y en la devolución de obras de arte robadas a las víctimas de *robocalls*, lo que proporciona un apoyo adicional para limitar el alcance extraterritorial de la ley californiana a este litigio.

Por otra parte, la aplicación de la ley española sólo perjudicaría parcialmente los intereses de California en facilitar la recuperación de obras de arte robadas a residentes en California. La ley californiana presupone que una persona cuya obra de arte es robada puede perder en última instancia la capacidad de reclamar su propiedad: es decir, a menos que esa persona presente una reclamación en el plazo de seis años desde que descubrió la ubicación de la obra de arte. Este caso subraya la complejidad y las múltiples facetas de los litigios internacionales sobre obras de arte, destacando no solo los desafíos legales sino también los dilemas éticos y culturales involucrados en la restitución de bienes culturales.

A través de este litigio, se revela la tensión entre los principios legales de prescripción adquisitiva y la justicia moral en la restitución de obras de arte expoliadas. Aunque la ley puede ofrecer un marco para resolver disputas sobre la propiedad, este caso demuestra que las leyes actuales pueden no ser suficientes para abordar todas las cuestiones éticas y morales que surgen en contextos históricamente cargados como el del expolio nazi.

La resolución de este caso también plantea preguntas más amplias sobre la responsabilidad de las instituciones culturales en la gestión de sus colecciones, especialmente en términos de diligencia debida y transparencia en la procedencia de las obras que adquieren. A medida que el mercado del arte se globaliza y los bienes culturales cruzan fronteras con mayor frecuencia, se vuelve imperativo fortalecer la cooperación internacional y mejorar los marcos legales para proteger el patrimonio cultural.

En conclusión, el caso *Cassirer*[133] no solo ha influido en la jurisprudencia relacionada con la restitución

---

133 El 9 de enero de 2024, el Tribunal de Apelación del Noveno Circuito de Estados Unidos confirmó la sentencia

de obras de arte robadas sino que también ha servido como un catalizador para el debate y la reforma en la legislación sobre la protección del patrimonio cultural. Resalta la necesidad de un equilibrio entre la ley y la justicia ética, y la importancia de preservar la integridad cultural para las futuras generaciones.

El litigio sobre la obra "Rue St. Honoré, après midi, effet de pluie" no supone un caso aislado sino que este tipo de litigios es cada vez más habitual ya que el comercio ilícito de bienes culturales que comprende robos, falsificaciones, importaciones ilegales y saqueos organizados, genera unos 6.000 millones de dólares, según la Oficina de las Naciones Unidas contra la Droga y el Delito. Los cárteles frecuentemente

que establecía que la ley española rige el litigio Cassirer x FCTB sobre la propiedad del cuadro *Rue Saint-Honoré por la tarde. Efecto de lluvia*, es decir, que aunque el litigio se resolvió en Estados Unidos, se aplicó la ley española. Esta decisión ratifica la sentencia anterior del Tribunal de Distrito (2019), que también reconoció a la Fundación como legítima propietaria de la obra en base al derecho español, debido a la aplicación de las normas de conflicto de leyes de California. El caso fue finalizado por el Tribunal Supremo de EEUU pese a las objeciones morales planteadas por el juez Callahan. Ella argumentó que España debería haber renunciado voluntariamente al cuadro, opinando que el país incumplía sus compromisos internacionales al conservarlo. Por otro lado, la Fundación Thyssen-Bornemisza conserva la posesión del cuadro de Pissarro, poniendo fin a una larga disputa legal, y dice estar satisfecha con la decisión, que "respaldó los argumentos de la Fundación desde el principio del caso". A la decisión integral se puede acceder desde este enlace: https://cdn.ca9.uscourts.gov/datastore/opinions/2024/01/09/19-55616.pdf.

utilizan las obras de arte como método de pago con el objetivo de venderlas por dinero blanqueado.

En la UE, donde los empleos en el sector de la cultura y de la creatividad suponen un 7,5 % del total, la lucha contra el tráfico ilegal de bienes culturales se complica por la falta de armonía de la legislación de los Estados miembros, la incoherencia terminológica entre las lenguas y la falta de información y datos, según lamenta la Comisión Europea. El último caso conocido de robo en el sector del arte se dio el pasado 30 de marzo en el Museo Singer, en Holanda, cuando unos ladrones aprovecharon su cierre temporal por la alerta sanitaria del COVID-19 para llevarse la pintura "Jardín de primavera", de Vincent Van Gogh. En total, la base de datos de la Interpol registra más de 50.000 obras de arte robadas en todo el mundo, aunque podrían ser más, según explica la propia Organización Internacional de Policía Criminal, que no están cuantificadas por distintas razones (todavía no se ha denunciado su robo a la policía o solamente se están realizando búsquedas a nivel nacional, por ejemplo).

Actualmente, la UE exige un permiso de exportación definitivo a aquellos bienes culturales que tengan más de cien años de antigüedad y aquellos incluidos en el Inventario General de Bienes Muebles del Patrimonio Histórico. Además, se les brinda especial protección a los bienes de interés cultural (o que hayan iniciado un expediente para su declaración como tal), bienes declarados como inexportables como medida cautelar y a los bienes de titularidad pública, que solo podrán aspirar a un permiso de exportación temporal, nunca definitivo ni con posibilidad de venta.

Cincuenta años después de su aprobación, la Convención de la UNESCO sobre el tráfico ilícito de bienes culturales sigue siendo un instrumento importante para frenar esta lacra. En el medio siglo transcurrido, se ha redoblado la lucha contra el comercio ilegal y ha progresado la toma de conciencia sobre el daño moral que causa el pillaje, al menoscabar la identidad de las poblaciones afectadas. Pero el entusiasmo por los objetos de arte, cuyos precios se han multiplicado en poco tiempo, lo moderado de las sanciones y la vulnerabilidad de los sitios arqueológicos que se encuentran en zonas de conflictos bélicos constituyen otros tantos retos que es preciso afrontar para frenar el tráfico de lo que algunos denominan "las antigüedades de sangre". Mediante ese documento, a lo largo de 50 años la UNESCO ha contribuido a sensibilizar a la opinión pública sobre lo que entraña el tráfico ilícito. La Organización también ha ayudado a los Estados signatarios, que en la actualidad ascienden a 140, a elaborar leyes y medidas de prevención, y ha estimulado la restitución de los bienes desplazados ilegalmente.

Pero si bien las legislaciones se han vuelto más estrictas, se ha fomentado la sensibilización de la opinión pública y han mejorado los dispositivos de vigilancia, rastreo y autentificación de las obras, los traficantes, cada vez más numerosos, también han progresado en eficacia y competencias.

Investigadores, aduaneros y expertos tropiezan hoy con numerosos obstáculos en la tarea de frenar ese tráfico, que se ha beneficiado de la mundialización, empezando por la popularidad alcanzada por los objetos de arte y las antigüedades. Porque si el comercio de bienes culturales dista mucho de ser un fenómeno novedoso, nunca antes había prosperado tanto. Impulsado por la avidez de coleccionistas, galerías y museos, el valor de las antigüedades y las piezas artísticas ha crecido rápidamente. En 2019, ese comercio generó a escala mundial un volumen de transacciones cifrado en casi 64.000 millones de dólares estadounidenses.

Este comercio, especialmente lucrativo, atrae a personas que buscan en qué invertir su dinero, pero también a otras menos escrupulosas y, cada vez más, a organizaciones mafiosas y terroristas que encuentran en este mercado un mecanismo para blanquear fondos o financiar sus actividades.

La amplitud del tráfico ilícito, clandestino por antonomasia, resulta muy difícil de evaluar, habida cuenta de las lagunas que presentan las pocas estadísticas existentes. Menos de la mitad de los Estados Miembros de INTERPOL proporcionan datos acerca de los robos de bienes culturales perpetrados en su territorio. Pese a la carencia de cifras exactas, se calcula que, por lo general, el comercio ilícito de bienes culturales ocupa el tercer puesto en el rango de actividades delictivas internacionales, solo superado por el tráfico de narcóticos y el de armamentos.

Algunas operaciones espectaculares que han recibido gran publicidad, en particular el robo de cuadros célebres como "El grito" de Edvard Munch, sustraído en Noruega en 2004, o, en fecha más reciente, el de "El jardín del presbiterio de Nuenen en primavera", de Vincent Van Gogh, ocurrido en los Países Bajos, apenas representan la parte visible del iceberg. Lo esencial del comercio ilícito transcurre en la sombra, sin ruidos, a lo largo de circuitos laberínticos que a menudo comienzan en edificios religiosos, museos y sitios arqueológicos situados en países que se enfrentan a dificultades.

Tras haber circulado por países de tránsito, los bienes robados u obtenidos mediante saqueo se incorporan a colecciones de particulares o de marchantes establecidos en capitales occidentales, amparados por un certificado de exportación obtenido en esos lugares de tránsito y no en el país de origen, documento raramente exigido por las leyes de los Estados destinatarios.

A diferencia de lo que ocurre con otras actividades delictivas, que están totalmente prohibidas, el comercio ilegal de bienes culturales se realiza en parte a la luz del día. Con frecuencia las estatuas, los frisos o las cerámicas antiguas, que han sido robados o adquiridos de manera ilícita, se incorporan directamente en el mercado legal de obras de arte. Además, la mayoría de las piezas obtenidas mediante excavaciones salvajes no figuran en ningún inventario. Por ese motivo no están amparadas por la Convención de 1970 y los países de origen no pueden establecer su procedencia.

Con el fin de abordar esta preocupación y ante las dimensiones del saqueo perpetrado por el Daesh y otros grupos en Siria e Iraq, el Consejo de Seguridad de las Naciones Unidas aprobó en 2015 la Resolución 2199 para impedir el tráfico ilícito de antigüedades procedentes de esos dos Estados, mediante la imposición de sanciones económicas y diplomáticas a los países y particulares que especulen con el comercio ilegal de antigüedades. El endurecimiento de leyes y sanciones se volvió aún más necesario con el auge del comercio electrónico, que desde hace unos 15 años viene facilitando la labor de los traficantes: un comprador solo tiene que pulsar una tecla en cualquier lugar del mundo para adquirir en total anonimato estatuillas precolombinas o cerámicas antiguas. Los ladrillos del templo de Larsa, que datan de la época de Nabucodonosor, fueron saqueados en Iraq en 2003 y puestos a la venta en eBay dos años después. Durante la vasta operación del otoño de 2019 citada anteriormente, casi el 30% de los objetos incautados ya estaban propuestos a la venta en Internet. El tráfico ilícito de bienes culturales[134] es una cuestión muy importante y, en cuanto tal, es objeto periódicamente de recomendaciones que se adoptan en las reuniones del Grupo de Expertos de Interpol (GEI) sobre las Obras de Arte Robadas, en el que participa la UNESCO. La necesidad de crear un comité de expertos que se ocupe de las obras de arte robadas se puso de relieve después de la destrucción de los Budas de Bāmiyān en 2001 y el saqueo del Museo Nacional de Iraq en Bagdad en 2003.

El GEI sobre las Obras de Arte Robadas abordó la cuestión del tráfico ilícito de bienes culturales en Internet por vez primera en su tercera reunión (Lyon, marzo de 2006). Al reconocer las dificultades de las agencias de aplicación de la ley para responder a la creciente venta de objetos culturales en Internet, los participantes en esa reunión recomendaron que "INTERPOL, la UNESCO y el ICOM preparasen y difundiesen a sus respectivos países miembros una lista común de acciones básicas recomendadas para frenar el creciente comercio ilícito de objetos culturales en Internet". Esto condujo a la elaboración de la lista de

---

134 *Vid.* Planche, Edouard, *Lucha contra el tráfico ilícito de bienes culturales en Internet: Respuesta de la UNESCO y sus socios*, División de objetos culturales y del patrimonio inmaterial, Organización de las Naciones Unidas para la Educación, la Ciencia y la Cultura, París, 2022.

"Medidas básicas relativas a los bienes culturales propuestos a la venta en Internet".

En la quinta reunión del GEI sobre las Obras de Arte Robadas (Lyon, 4-5 de marzo de 2008), los participantes declararon que eran conscientes "del uso persistente de Internet en la venta ilícita de bienes culturales" y "de la responsabilidad de las plataformas de Internet al respecto", y recomendaron que la Secretaría General de INTERPOL "acopiase y difundiese periódicamente información de los países miembros sobre los acuerdos con las plataformas de Internet, con miras a reducir las ventas ilícitas de bienes culturales en línea." Asimismo, recomendaron que los países miembros de INTERPOL y la UNESCO "concertasen acuerdos con las plataformas de Internet, con la limitación de ventas de bienes culturales según la legislación nacional, el autocontrol de las plataformas de Internet, y las actividades de sensibilización del público sobre la necesidad de proteger los bienes culturales", y "alentar a las plataformas de Internet, las casas de subastas y los comerciantes de arte a permitir a las agencias de aplicación de la ley libre acceso a los catálogos convencionales y en línea".

En febrero de 2009, los participantes en la sexta reunión del (GEI) sobre las Obras de Arte Robadas reconocieron el uso de Internet en la venta ilícita de bienes culturales y recomendaron a las autoridades nacionales que continuasen sus esfuerzos para luchar contra la transferencia ilícita de bienes culturales a través de Internet y estableciesen acuerdos específicos con las principales plataformas de Internet. Un estudio llevado a cabo por INTERPOL sobre el uso de Internet en la venta de bienes culturales ha puesto de relieve las enormes dificultades a las que se enfrentan las autoridades en esta esfera. Estas dificultades se mencionan también en un documento redactado por la UNESCO, en estrecha colaboración con INTERPOL y el ICOM, a fin de proporcionar asesoramiento a sus Estados miembros sobre las "Acciones básicas relativas a los objetos culturales propuestos a la venta en Internet"[135].

Además, la crisis sanitaria provocada por la epidemia de COVID-19 ha agravado este fenómeno. Durante el confinamiento, el proyecto ATHAR (= Investigación sobre el tráfico de antigüedades y bienes del patrimonio antropológico), coordinado por un grupo de especialistas en redes informáticas de tráfico de obras de arte, detectó un aumento de actividad en línea en lo relativo a las ventas de objetos robados, en particular procedentes del Oriente Medio y África del Norte. Las investigaciones realizadas por esta entidad asociada a la UNESCO hicieron que Facebook prohibiera el comercio de bienes culturales históricos en sus plataformas informáticas.

El desafío es enorme. La idea es, desde el Derecho, identificar mecanismos de prevención del tráfico ilícito de bienes culturales. Pero hay algo más delicado aún: si se consuma ese comercio internacional ilícito: la restitución de dichos bienes culturales. La idea de este trabajo es, en consecuencia, estudiar los mecanismos jurídicos existentes para ayudar a la construcción de una normativa más sólida, que permita reforzar la normativa de protección de bienes culturales ante el comercio ilícito.

---

135 *Vid.*http://portal.unesco.org/culture/fr/files/21559/11836509429MesuresTraficIlliciteEn.pdf/MesuresTraficIlliciteEn.pdf.

Reflexiones finales

PRIMERA.— Protección jurídica internacional del patrimonio histórico-artístico y cultural = mero desafío. En la era de la globalización, la protección jurídica internacional del patrimonio histórico-artístico y cultural enfrenta desafíos sin precedentes. El Derecho internacional privado español, en sinergia con las normativas de la Unión Europea y los tratados internacionales, desempeña un papel crucial en la salvaguarda de estos bienes invaluables. Sin embargo, la dinámica cambiante del comercio de arte y las crecientes incidencias de tráfico ilícito exigen una adaptación y fortalecimiento constantes de estas regulaciones.

Es cierto que el tráfico ilícito internacional es un fenómeno delictivo existente desde la antigüedad. Desde la fascinación por el arte y la cultura hasta el simple medio para llegar a la consecución de otro hecho delictivo, nuestra historia está plagada de casos en los que el patrimonio artístico y cultural se ha visto afectado. El notable aumento del robo de bienes culturales propició una mayor seguridad en el tráfico de bienes y la Convención de la UNESCO de 1970 reguló la forma de importación y exportación de bienes culturales. El Convenio UNIDROIT de 1995 elaboró un listado de bienes inventariados y establece un plazo de tres años para interponer la demanda de restitución de un bien.

A los expolios que, generalmente, se producían en el pasado, hoy día, se añade el hecho de que Internet ofrece un instrumento valioso a los traficantes, permitiendo que el tráfico ilícito de bienes culturales sea más rápido, más fácil e incluso más difícil de combatir para las autoridades. Sin embargo, Internet también se puede utilizar en contra de los traficantes. Internet hace que las comunicaciones sean más rápidas y fáciles. Hoy, cuando se roba un objeto, pueden publicarse alertas en todo el mundo rápida y fácilmente. Ahora bien, la función de Internet no se acaba aquí: se han creado muchas bases de datos y soportes lógicos para señalar los objetos robados y ayudar a localizarlos en el mercado cuando los ladrones tratan de revenderlos.

Las organizaciones internacionales han dado pasos muy tímidos para abordar el tráfico ilícito de bienes culturales y las soluciones planteadas pecan por su ambición de falta de realismo, además de considerar aspectos que siendo importantes no abonan en un aspecto fundamental, a saber, la progresiva presencia de las autoridades judiciales derivada de una desigual incorporación de figuras penales. Además, hay un punto crítico a la hora de analizar el proceso de restitución: la cuestión de las partes legítimas y los tribunales implicados. En muchos casos, el país que acoge el litigio también participa en el proceso, lo que sin duda dificulta el mantenimiento de la imparcialidad debido a la conexión política entre los jueces y las partes.

La complejidad del debate sobre la restitución de bienes culturales es uno de los principales obstáculos para lograr una resolución eficaz. Esta dificultad se centra en encontrar una solución satisfactoria para todas las partes implicadas, lo que a menudo se ve agravado por la dinámica de poder entre naciones, instituciones, museos y particulares que reclaman la devolución de "sus" objetos culturales.

Las normas de protección de los bienes culturales precisan de la distinción de dos situaciones: el caso del conflicto armado y los tiempos de paz. Existe una vía para la restitución de los bienes culturales que cuenta con la interposición de medidas cautelares como forma de protección.

En materia de protección, los acuerdos internacionales velan por la seguridad efectiva del patrimonio a efectos de publicidad, en la realidad, existen casos que, aunque hay normas reguladoras de la protección de determinado bien, los Estados no se encargan de hacerlas efectivas. Las normas internacionales en materia de restitución pueden ser entendidas como un instrumento que asegure la devolución del objeto a su legítimo propietario, si bien pueden parecer efectivas, todo el procedimiento que conllevan, así como la prueba fehaciente que demuestre la titularidad del bien y el tráfico ilícito de la misma, hacen que el proceso sea lento y costoso.

Lo deseable en estas situaciones es la cooperación entre Estados en los casos particulares que puedan presentarse por el tráfico ilícito de bienes culturales así, evitando la interposición de una demanda y todo el proceso que conlleva la misma, el problema obtendría una solución más específica y que supondría un beneficio para ambas partes.

SEGUNDA.— Protección jurídica internacional del patrimonio histórico-artístico y cultural = el Derecho internacional privado al rescate. Desde la perspectiva del Derecho internacional privado español conflictual, se han configurado varias alternativas jurisdiccionales a las que puede recurrir el propietario originario (Estado, comunidad o individuo) para reclamar la restitución internacional de un bien cultural del que ha sido despojado ilícitamente. Las dos alternativas de *lege lata* presentadas se basan en la regla *fórum rei sitae*, que otorga competencia a los tribunales de Estados donde se encuentran los bienes. La escogencia entre una u otra alternativa dependerá, por supuesto, del caso concreto, especialmente del Estado donde el bien se encuentre y si en él son aplicables las respectivas normas.

Más allá, estas alternativas tienen limitaciones, tanto en su contenido como en la forma en que se han configurado. No solo se trata de las dificultades que derivan de ciertos requisitos, como la necesidad de que el bien cultural de que se trate encuadre dentro de la definición legal de cada instrumento normativo, que sea reconocida a nivel nacional la capacidad procesal del propietario originario (por ejemplo, la comunidad indígena), que se respeten los plazos de prescripción establecidos o que se asegure la inmunidad de jurisdicción y de ejecución a los Estados. Además, se trata de que, mediante la competencia de los tribunales del país donde se encuentran los bienes, y la consecuente aplicación de su legislación en tanto *lex fori*, no se asegura suficientemente el respeto de las normas de protección del patrimonio cultural existentes en los países de origen.

Mirando hacia el futuro, se prevé que la cooperación internacional se intensifique, especialmente en la lucha contra el tráfico ilícito de bienes culturales. La implementación de tecnologías avanzadas, como la digitalización y las bases de datos globales, promete mejorar la trazabilidad y la transparencia en el comercio de bienes culturales. Asimismo, es imperativo fomentar una mayor conciencia y educación sobre la importancia del patrimonio cultural, incentivando un enfoque colaborativo entre países, instituciones y el sector privado.

En un plano ético, las pautas existentes para la restitución del arte a menudo cojean en términos de fuerza vinculante. En jurisdicciones como España, la ausencia de un marco jurídico firme no solo ha obstaculizado los esfuerzos de restitución, sino que también ha proyectado una sombra sobre la percepción internacional del país en cuanto a su compromiso con la justicia en el patrimonio cultural[136].

Además, la prescripción crea limitaciones, al igual que los elevados costes[137] asociados a la presentación de demandas y la necesidad de demostrar la mala fe del actual poseedor de los bienes. Otros obstáculos importantes son el principio de irretroactividad de los tratados internacionales, la inalienabilidad de los bienes públicos y las restricciones impuestas a las exportaciones de estos bienes culturales.

---

136 *Vid.* A. ALVARES-GARCIA JÚNIOR, "Un enfoque integrador para la protección del patrimonio histórico, artístico y cultural y los derechos en el ámbito del Derecho Internacional Privado", en *Bitácora Millennium DiPr*, nº 18, 2023, p. 21, disponible en: https://www.millenniumdipr.com/ba-112-un-enfoque-integrador-para-la-proteccion-del-patrimonio-historico-artistico-y-cultural-y-los-derechos-humanos-en-el-ambito-del-derecho-internacional-privado.

137 Los costes se calculan sobre el valor del caso, y el valor del caso se deriva del precio estimado de la obra en millones de dólares, lo que hace que la presentación de demandas sea casi inasequible.

La revisión y actualización periódica de las leyes nacionales, alineadas con los estándares internacionales, serán esenciales para abordar las lagunas legales y los retos emergentes. Es crucial que se establezcan mecanismos más eficientes y justos para la restitución y repatriación de bienes culturales, equilibrando los intereses legales con consideraciones éticas y morales.

La resolución de este conflicto de leyes requiere un equilibrio delicado entre principios jurídicos divergentes, consideraciones éticas sobre la restitución de bienes culturales y el respeto a los tratados internacionales. La forma en que se resuelva podría sentar no sólo un precedente, sino una solución eficaz importante para futuros casos de restitución de arte y bienes culturales en contextos internacionales.

TERCERA.— La protección eficaz del patrimonio histórico-artístico para unir el pasado y el futuro = el poder legislativo y su impacto. En el pasado, el arte estaba restringido a la élite intelectual y social, como el clero y la alta burguesía, que tenían acceso a la educación. En otras palabras, el arte era también uno de los pilares que sustentaban la desigualdad, limitando la comprensión artística a los privilegiados y excluyendo a los trabajadores y a la población en general.

Con la aparición de la democracia europea a principios del siglo XX, el acceso al conocimiento y al arte se amplió a todo el mundo. Esto pone de relieve la importancia del Patrimonio Histórico como componente fundamental de nuestra cultura. Contribuye a la identidad colectiva de los ciudadanos y sirve como elemento de cohesión social, abarcando a toda la población y no sólo a una parte de ella.

En definitiva, el futuro de la protección del patrimonio histórico-artístico y cultural en el ámbito del Derecho internacional privado español requiere un enfoque multidimensional, que integre regulaciones robustas, cooperación internacional, avances tecnológicos y una fuerte conciencia cultural. La cooperación judicial en materia de tráfico ilícito de bienes culturales se encuentra condicionada en la actualidad por la ausencia de un marco normativo específico que exige a su vez una mínima armonización de las legislaciones penales de los estados en un marco lo más global posible y el establecimiento de medidas que garanticen el embargo de los bienes en circulación.

Ante el laberinto de leyes, se llega a la conclusión de que el poder legislativo, más que el judicial, puede tener mayor capacidad para ofrecer una solución justa y eficaz a estas cuestiones. Esto se debe a que, aunque las decisiones judiciales tienen un impacto político significativo, sólo tienen un efecto inter partes, convirtiéndose en un precedente, pero no en una ley que abarque a toda la comunidad internacional. Por el contrario, el poder legislativo tiene la capacidad de recopilar y analizar más a fondo los datos relacionados con las demandas de restitución, lo que le permite elaborar normas y reglamentos adecuados para tratar estos casos.

Es a través de la creación de nueva legislación que será posible abordar adecuadamente los dilemas jurídicos planteados por estos casos de restitución, y para ello los poderes legislativos en diversas jurisdicciones tienen la legitimidad necesaria para promover la construcción de leyes que faciliten la restitución tanto de la propiedad como del pasado.

Por fin, el Patrimonio Histórico ofrece un sentimiento de pertenencia y celebra la riqueza cultural y la diversidad que han conformado la sociedad actual. Solo a través de esfuerzos colectivos podremos asegurar que nuestro rico legado cultural se preserve y respete para las generaciones futuras, manteniendo vivo el diálogo entre nuestro pasado histórico y el mundo contemporáneo.

Bibliografía consultada

A. ALVARES-GARCIA JÚNIOR, "Un enfoque integrador para la protección del patrimonio histórico, artístico y cultural y los derechos en el ámbito del Derecho Internacional Privado", en *Bitácora Millennium DiPr*, nº 18, 2023, disponible en: https://www.millenniumdipr.com/ba-112-un-enfoque-integrador-para-la-proteccion-del-patrimonio-historico-artistico-y-cultural-y-los-derechos-humanos-en-el-ambito-del-derecho-internacional-privado.

A. BICKFORD, "Nazi-Looted Art: Preserving a Legacy", en *Journal of International Law*, Nº 49, 2017, pp. 115-127.

A. CHECHI, E. VELIOGLU y M.-A. RENOLD, "Case 14 Artworks – Malewicz Heirs and City of Amsterdam", December 2013, disponible en: https://plone.unige.ch/art-adr/cases-affaires/14-paintings-2013-malewicz-heirs-and-city-ofamsterdam/case-note-2013-14-artworks-2013-malewicz-heirs-and-city-of-amsterdam.

A. FREUNDSCHUH, "Crime stories in the historical urban landscape: narrating the theft of the Mona Lisa", en *Urban History*, vol. 33, Nº 2, 2006, pp. 274-292.

A. L. CALVO CARAVACA / C. M. CAAMIÑA DOMÍNGUEZ, "Derecho a la cultura versus comercio internacional de obras de arte", en *Revista Crítica de Derecho Inmobiliario*, Año LXXXIV, n. º 705, 2008.

A. L. CALVO CARAVACA / C. M. CAAMIÑA DOMÍNGUEZ, "El caso Klimt", en A. L. Calvo Caravaca/E. Castellanos Ruíz (Dir.), *La Unión Europea ante el Derecho de la Globalización*, Madrid, 2008.

A. L. CALVO CARAVACA / C. M. CAAMIÑA DOMÍNGUEZ, "L'incorporation au régime juridique espagnol de la normative communautaire de restitution de biens culturels", en *Cuadernos de Derecho Transnacional*, 2010.

A. L. CALVO CARAVACA / C. M. CAAMIÑA DOMÍNGUEZ, "El Convenio de Unidroit de 24 de junio de 1995", en C. R.

Fernández Liesa / J. Prieto de Pedro (dirs.), *La protección jurídico internacional del patrimonio cultural. Especial referencia a España,* Madrid, Colex, 2009.

A. L. CALVO CARAVACA / J. CARRASCOSA GONZÁLEZ, "Breves reflexiones sobre las obras de arte robadas por los nazis", en *Cuadernos de Derecho Transnacional,* octubre 2023, Vol. 15, Nº 2, pp. 198-250.

A. L. CALVO CARAVACA / J. CARRASCOSA GONZÁLEZ, *Tratado de Derecho internacional privado,* editorial Tirant lo Blanch, Valencia, 2020.

A. L. CALVO CARAVACA, "Private international law and the Unidroit convention on 24th June 1995 on stolen or illegally exported cultural objects", *Festschrift für Erik Jayme,* München, Sellier, 2004.

A. ORTEGA GIMÉNEZ, "La necesaria protección jurídica internacional del patrimonio histórico-artístico y cultural en Derecho internacional privado español. Especial atención al caso Cassirer", en *CUADERNOS DE DERECHO TRANSNACIONAL (CDT),* 16(2), pp. 1186-1216.

A. ORTEGA GIMÉNEZ, "TRIBUNA: Arte, Derecho y Comercio Internacional. A propósito del litigio sobre el cuadro «Rue ST. Honoré, Aprés midi, effet de pluie», del pintor impresionista francés Camille Pissarro" (artículo de opinión), IBERLEY. El valor de la confianza, Editorial COLEX, A Coruña, 6 de febrero de 2024, disponible en: https://www.iberley.es/revista/tribuna-arte-derecho-y-comercio-internacional-proposito-litigio-cuadro-rue-st-honore-apres-midi-effet-pluie-pintor-impresionista-frances-camille-pissarro-923.

A. ORTEGA GIMÉNEZ *Código Universitario de Derecho Internacional Privado. Tomos I y II,* Madrid, Boletín Oficial del Estado, 2023.

A. ORTEGA GIMÉNEZ, "Derecho internacional privado en estado puro y la reconciliación con el pasado histórico y artístico, a propósito de La Dama de oro", en A. ORTEGA GIMÉNEZ y L.S. HEREDIA SÁNCHEZ (Dirs.), A. CASTELLANOS CABEZUELO (Coord.), *Arte, Cine, Derecho y Comercio internacional,* Editorial Aranzadi, Cizur Menor (Navarra), 2023, pp. 249-272.

A. ORTEGA GIMÉNEZ, "The Monuments Men o cómo evitar la destrucción de miles de años de cultura de la humanidad", en A. ORTEGA GIMÉNEZ y L.S. HEREDIA SÁNCHEZ (Dirs.), A. CASTELLANOS CABEZUELO (Coord.), *Arte, Cine, Derecho y Comercio internacional*, Editorial Aranzadi, S.A.U., Cizur Menor (Navarra), 2023, pp. 219-236.

A. ORTEGA GIMÉNEZ, *Arte y Derechos Humanos*, Editorial COLEX, S.L., A Coruña (España), 2023.

A. ORTEGA GIMÉNEZ, "Litigios internacionales sobre propiedad de bienes culturales muebles en Derecho internacional privado español" (Capítulo XI), en A. ORTEGA GIMÉNEZ (Dir.), *Arte, Derecho y Comercio Internacional*, Editorial Aranzadi, Cizur Menor (Navarra), diciembre 2022, pp. 219-242.

A. ORTEGA GIMÉNEZ, (Dir.), *Arte, Derecho y Comercio Internacional*, Editorial Thomson Reuters Aranzadi, Cizur Menor (Navarra), 2022.

A. ORTEGA GIMÉNEZ y L. HEREDIA SÁNCHEZ, *Materiales de Derecho Internacional Privado para el Grado en Derecho*, 3.ª edición, Economist & Jurist, Difusión Jurídica, Madrid, 2021.

A. ROMA VALDES, *Comercio y circulación de bienes culturales. Guía jurídica para profesionales y coleccionistas de arte y antigüedades*, 2011.

A.L O'CONNOR, *La dama de oro, la historia extraordinaria del Retrato de Adele Bloch-Bauer, obra maestra de Gustav Klimt*, Madrid, Vaso Roto Ediciones, 2015.

A.-L. CALVO CARAVACA y J. CARRASCOSA GONZÁLEZ, "Breves reflexiones sobre las obras de arte robadas por los nazis", en *Cuadernos de Derecho Transnacional*, octubre 2023, Vol. 15, Nº 2.

A.-L. CALVO CARAVACA y J. CARRASCOSA GONZÁLEZ, "El Derecho internacional privado: concepto, caracteres, objeto y contenido", en A.-L. CALVO CARAVACA y J. CARRASCOSA GONZÁLEZ (Dirs.), Tratado de Derecho internacional privado, 2ª ed., Tomo I, Valencia, Tirant lo Blanch, 2022.

A.L. LEVINE, "The need for uniform legal protection against cultural property theft: A final cry for the 1995 Unidroit convention", en *Brooklyn Journal of International Law*, número 36, 2010, pp. 751-759.

A.L. PARRISH, "Sovereignty, Not Due Process: Personal Jurisdiction over Nonresident Aliens", en *Wake Forest Law Review,* 41, 2006, pp. 1-60

B. L. CARRILLO, "Tráfico nacional ilícito de bienes culturales y DIPr", *Anales de Derecho de la Universidad de Murcia,* 2001.

C. M. CAAMIÑA DOMÍNGUEZ, "El caso o los casos Gurlitt", en L. PÉREZ-PRAT DURBÁN/G. FERNÁNDEZ ARRIBAS (Eds.), *Holocausto y bienes culturales,* Huelva, Servicio de Publicaciones Universidad de Huelva, 2019.

C. M. CAAMIÑA DOMÍNGUEZ, *Conflicto de jurisdicción y de leyes en el tráfico ilícito de bienes culturales,* Colex, Madrid, 2007.

C. M. CAAMIÑA DOMÍNGUEZ, "Restitución y nacionalismo", en CULTURAL. *Tiempo de Paz: Arte y Valores,* v. 149, n. 7, p. 52-61, verano 2023, disponible en: https://revistatiempodepaz.org/wp-content/uploads/2023/08/R-149.Tiempo-de-Paz_online_.pdf#page=54.

C. M. CALLAHAN, C. T. BEA, Y S. S. IKUTA, "DAVID CASSIRER; THE ESTATE OF AVA CASSIRER; UNITED JEWISH FEDERATION OF SAN DIEGO COUNTY, a California nonprofit corporation, Plaintiffs-Appellants, v. THYSSEN-BORNEMISZA COLLECTION FOUNDATION, an agency or instrumentality of the Kingdom of Spain, Defendant-Appellee", *United States Court of Appeals for the Ninth Circuit,* nº 19-55616, California, 2022, pp. 1-39, disponible en: https://cdn.ca9.uscourts.gov/datastore/opinions/2024/01/09/19-55616.pdf.

C.E. SMITH, "World War II Art Restitution Exhibitions: A Step in the Right Direction or Not Far Enough?", en *The iJournal: Student Journal of the Faculty of Information,* vol. 7, Nº 3, 2022, pp. 70-76.

C.W. RHODES y C.B. ROBERTSON, "Toward a New Equilibrium in Personal Jurisdiction", en *UC Davis Law Review,* 48, 2014, pp. 207-270.

E. RODRÍGUEZ PINEAU Y C. MARTÍNEZ CAPDEVILA, "La protección de los bienes culturales en la Unión Europea: un régimen puesto a prueba", Pérez- Prat Durbán, L. / Lazari, A. (coords.), *El tráfico de bienes culturales,* Tirant lo Blanch, Valencia, 2015, pp. 227-269.

E. RODRIGUEZ PINEAU, "¿Retener o retornar? Reflexiones sobre la solución material del asunto Cassirer c. Fundación Thyssen-Bornemisza", en L. PÉREZ-PRAT DURBÁN/G. FERNÁNDEZ ARRIBAS, *Holocausto y bienes culturales*, Huelva, Servicio de Publicaciones Universidad de Huelva, 2019.

E. RODRIGUEZ PINEAU, "Adhesión de España al Convenio de Unidroit sobre bienes culturales robados o exportados ilegalmente de 1995", vol. LV, *REDI*, 2003.

F. VISCHER, "Bemerkungen zum Verhältnis von internationaler Zuständigkeit und Kollisionsrecht", en *Mélanges Alfred E. von Overbeck*, Fribourg, 1990, pp. 349-377.

C. GATES, "WHO OWNS AFRICAN ART? Envisioning a legal framework for the restitution of african cultural heritage", en *International Comparative, Policy & Ethics Law Review*, New York, v. 3, n. 3, p. 1131- 1162, jul. 2020.

C.M. CAAMIÑA DOMÍNGUEZ, *Conflicto de jurisdicción y de leyes en el tráfico ilícito de bienes culturales*, Colex, Madrid, 2007.

H. FELICIANO, *El museo desaparecido: La conspiración nazi para robar las obras maestras del arte mundial*, Ediciones Destino, Barcelona, 2004.

H.N. SPIEGLER, "Litigation against a Foreign Sovereign in the United States to Recover Artworks on Temporary Loan: The Malewicz Case", en *Bringing Together the World's Lawyers*, nº 2007-1, disponible en: https://www.tagalliances.com/files/Specialty%20Group%20News/litigation/Herrick_Juriste%20International.pdf.

I. AMBROSIO LUNA, "Restitución de obras de arte expoliadas por el régimen nazi: principales aspectos jurídicos del caso Cassirer", en *Revista Cultus et Ius*, nº 2, 2023, pp. 5-39.

I. BLANCO CORDERO; E.F. CAPARRÓS; V. PRADO SALDARRIAGA; G. SANTANDER ABRIL y J. ZARAGOZA AGUADO, *Combate al Lavado de Activos desde el Sistema Judicial*, 5ª edición. disponible en: https://www.oas.org/es/ssm/ddot/publicaciones/LIBRO%20OEA%20LAVADO%20ACTIVOS%202018_4%20DIGITAL.pdf.

I. KUNDA, "US Ninth Circuit rules in favor of Spain in a decades-long case concerning a painting looted by the Nazis", *Conflict of Laws.net Views and News in Private International*

Law, 17 de enero de 2024, disponible en https://conflictoflaws.net/author/ivana-kunda.

I. LORENTE, "The Woman in Gold – La Dama de Oro. Cine, arte y Derecho internacional privado", disponible en: http://accursio.com/blog/?p=878.

INSTITUTO DE ARTE CONTEMPORÁNEO, "La autenticidad en el arte: Desafíos y enfoques, 2023, disponible en: https://www.artecontemporaneo.com.

J. A. SÁNCHEZ CORDERO, *La Convención de la Unesco de 1970: sus nuevos desafíos*, México, Universidad Nacional Autónoma de México, 2013.

J. DRYSDALE, "Malewicz v. City of Amsterdam. F. SUPP. 2D 298 (D.D.C. 2005)", en De Paul J. Art, Tech.& Intell. Prop. L., 16, 2005, pp. 161-172, disponible en: https://via.library.depaul.edu/jatip/vol16/iss1/5.

J. M. SÁNCHEZ FELIPE, "El Convenio de UNIDROIT sobre los bienes culturales robados o exportados ilícitamente, hecho en Roma el 24 junio 1995", en *REDI*, 1996.

J. MEMBA, "Colección Gurlitt: el arte que robaron los nazis", en *Tiempo*, Nº 1627, 2013, pp. 60-63.

J.M. CARRUTHERS, "Cultural Property and Law — An International Private Law Perspective", en *Juridical Review*, 3, 2001, pp. 27-45

J.P. RAPP, *NS-Raubkunst vor amerikanischen Gerichten: aktuelle Entwicklungen der restitution litigation in den USA*, Tübingen, Mohr Siebeck, 2021.

K. Browne y R. Murray, "The Emergence of the International Protection of Cultural Heritage", en *International Law of Underwater Cultural Heritage: Understanding the Challenges*, Cham, Springer International Publishing, 2023, pp. 107-191.

K. FACH GOMEZ, "Algunas consideraciones en torno al Convenio de Unidroit sobre bienes culturales robados o exportados ilegalmente", en *AEDIP*, 2004.

K. M. BURMON, "Challenges to study: Difficulties arising in studying fine art theft", en *Global Perspectives on Cultural Property Crime*, Routledge, 2023, pp. 160-174.

L. MARTÍN REBOLLO, *El comercio del Arte y la UE*, Cuad. Civitas Est. Eropeo, Madrid, 1994.

M. J. ELVIRA BENAYAS, "Transposición al ordenamiento español de la Directiva 2014/60 UE sobre restitución de bienes que hayan salido de forma ilegal de un Estado miembro mediante la Ley 1/2017", en *REDI*, 2018.

M. FRIGO, *Circulation de biens culturels, détermination de la loi applicable et méthodes de règlement des litiges*, La Haye, Académie de droit international de La Haye, 2016.

M. GALLEGO MORELL, "El Derecho y sus relaciones con el Arte", *Boletín de la Facultad de Derecho*, núm. 3, 2ª época, Universidad Nacional de Educación a Distancia (España), Facultad de Derecho, 1993.

M. JULIÀ BARCELÓ, "La restitución de bienes culturales en el mercado interior europeo: el deber de cooperación y el uso de las TIC", en *REDI, vol. 76 (2024), 2, pp. 113-142.*

M. SUÁREZ-MANSILLA, "Un nuevo episodio en el caso Cassirer v. Fundación Thyssen-Bornemisza", en Patrimonio Cultural y Derecho, N°. 26, Edit. Fundación AENA y Asociación Hispania Nostra, 2022, pp. 369-413.

M. SUÁREZ-MANSILLA, "La buena fe en la adquisición de obras de arte: una revisión del caso Pissarro", en RIBÓN SEISDEDOS, Eugenio (coord.), Anuario Jurídico Secciones del ICAM 2020, Sepin, Madrid, pp. 179-194.

M. SUÁREZ-MANSILLA, "The end of the Pissarro Case", The Journal os Art Crime, spring 2019, pp. 21-30.

M. WELLER, "Kollisionsrecht und NS-Raubkunst: U.S. Supreme Court", en *Entscheidung*, vol 21, April 2022, 596 U.S. 142 S.Ct. 1502 (2022) – Cassirer et al./. Thyssen-Bornemisza Collection Foundation", *IPRax*, 2023, 1, pp. 97-100.

M. WILSON, "Art disputes", en *Art Law and the Business of Art*, Edward Elgar Publishing, 2022, pp. 349-381.

N. REVES, "Cultural heritage, international criminal law and protection of human rights between history and jurisprudence", en *Yearbook of International & European Criminal and Procedural Law*, N°1, 2023, pp. 197-247.

P. M. ALL y J. R., ALBORNOZ, "La inmunidad de jurisdicción y de ejecución de los Estados extranjeros a la luz de la legislación y la jurisprudencia argentina", en *DeCITA (Derecho del Comercio Internacional. Temas y actualidades)*, n° 4 (Litigio judicial internacional), 2006, Buenos Aires, Zavalía, 2005, pp. 115-146.

P. M. ALL, "La dama de oro. Entre el acceso a la justicia, la inmunidad y el arbitraje", en ORTEGA GIMÉNEZ, Alfonso (Dir.) y otros, *Inmigración y cine, Colección Cuadernos de Inmigración y Cine del Observatorio Provincial de la Inmigración de Alicante, 3.2021*, 1ª edición, Editorial Thomson Reuters Aranzadi, Cizur Menor (Navarra), 2021, pp. 247-280.

Q. BRYNE-SUTTON, "Arbitration and mediation in art-related disputes", en *Arbitration International*, vol. 14, N. ° 4, 1998, pp. 447-456.

R.E. DEGNAN y M.K. KANE, "The Exercise of Jurisdiction over and Enforcement of Judgments against Alien Defendants", en *The Hastings Law Journal*, 39, 1988, pp. 799-855.

S. MANACORDA y C. DUNCAN, *Crime in the art and antiquities world: Illegal trafficking in cultural property*, Springer Science & Business Media, 2011.

S. PÉREZ, "David Cassirer apelará la decisión de otorgar al Thyssen un Pissarro robado por los nazis", Agencia EFE, S.A., Madrid, 11 de enero de 2024, disponible en: https://efe.com/cultura/2024-01-11/david-cassirer-apelara-la-decision-de-otorgar-al-thyssen-un-pissarro-robado-por-los-nazis-2.

S. ROMEIKE, "La justicia transicional en Alemania después de 1945 y después de 1898", International Nuremberg Principles Academy, caso de estudio N°1, Nuremberg, 2016, pp. 31 y ss., disponible en https://www.nurembergacademy.org/fileadmin/media/pdf/publications/Justicia_transicional_en_Alemania.pdf.

S. TOMAS CUADRADA GARCÍA-LOZANO, "Algunas reflexiones sobre el caso Cassirer c. Fundación Thyssen-Bornemisza desde el Derecho internacional Público", en L. PÉREZ-PRAT DURBÁN/G. FERNÁNDEZ ARRIBAS, *Holocausto y bienes culturales*, Huelva, Servicio de Publicaciones, Universidad de Huelva, 2019.

S.T. GARCÍA-LOZANO, "Las obras de arte del Estado y su inmunidad", en *Anuario Colombiano de Derecho Internacional*, vol. 10, 2017, pp. 401-426.

SALTARELLI, "Restitución del arte saqueado en Europa: pocos casos, muchos obstáculos", en *Revista La Propiedad Inmaterial*, nº 25, 2018, pp. 141- 153.

T. CLACK y M. DUNKLEY, "Introduction: Culture, heritage, conflict", en Cultural Heritage in Modern Conflict, Routledge, 2023, pp. 1-27. Un caso notable de confiscación fue el de la colección de arte del alemán Cornelius Gurlitt (Pablo Picasso, Henri Matisse, Marc Chagall, etc.).

T.D. PETERSON, "The Timing of Minimum Contacts", en *George Washington Law Review*, 79, 2010, pp. 101-160.

V. FUENTES CAMACHO, "La lucha contra el tráfico ilícito internacional de obras de arte en el tránsito del segundo al tercer milenio", en *Bitácora Millennium DIPr.*, Nº 15 enero-junio 2022, pp. 1-32, disponible en: https://www.milleniumdipr.com/archivos/1661844670.pdf.

V. FUENTES CAMACHO, *El tráfico ilícito internacional de bienes culturales*, Madrid, Eurolex, 1993.

Otras fuentes de información

COMISIÓN EUROPEA, "Normas de la UE para la protección del patrimonio cultural Importación y exportación de bienes culturales", disponible en https://ec.europa.eu/taxation_customs/business/customs-controls/cultural-goods_en.

E. PLANCHE, *Lucha contra el tráfico ilícito de bienes culturales en Internet: Respuesta de la UNESCO y sus socios*, División de objetos culturales y del patrimonio inmaterial, Organización de las Naciones Unidas para la Educación, la Ciencia y la Cultura, París, 2022.

INSTITUTO DE ARTE CONTEMPORÁNEO, "La autenticidad en el arte: Desafíos y enfoques", 2023, disponible en: https://www.artecontemporaneo.com.

MINISTERIO DE JUSTICIA DE ESPAÑA, "Sucesiones internacionales en España", disponible en: https://www.mjusticia.gob.es.

OFICINA DE LAS NACIONES UNIDAS CONTRA LA DROGA Y EL DELITO, "Manual de cooperación en el decomiso del producto del delito", disponible en: https://www.unodc.org/documents/organized-crime/Publications/Confiscation_Manual_Ebook_S.pdf.

UNESCO, "Fighting the Illicit Trafficking", disponible en: https://unesdoc.unesco.org/ark:/48223/pf0000266098.

UNODOC. Protección contra el tráfico de bienes culturales. Reunión del grupo de expertos sobre la protección contra el tráfico de bienes culturales, 28 de octubre de 2009, disponible en: https://www.unodc.org/documents/treaties/organized_crime/UNODCCCPCJEG12009CRP1S.pdf.